kurz & bündig

macht in kurzer Lesezeit
mit dem Wichtigsten vertraut.
Die einzelnen Bände dieser Serie bieten
Einblicke in die Themenkreise

Religion & Philosophie
Wirtschaft & Gesellschaft
Natur & Umwelt
Wissenschaft & Technik
Kunst & Kultur
Sprache & Literatur
Geschichte & Geographie

Herausgegeben von Wolf In der Maur

Dolf Lindner

Aberglaube

Irgendwann einmal war alles,
was wir heute als Aberglaube bezeichnen,
Glaube.
Vieles hat sich bis heute erhalten,
aber die ursprünglichen Bedeutungen
sind uns kaum mehr bewußt.

hpt-Verlagsgesellschaft

Ich widme diese Seiten
meinem langjährigen Kollegen,
meinem brüderlichen Freund

Alfred Heger

1990

am Beginn des letzten Jahrzehnts
des zweiten Jahrtausends.

CIP-Titelaufnahme der Deutschen Bibliothek

Lindner, Dolf:
Aberglaube / Dolf Lindner. — Wien : hpt-Verl.-Ges., 1990
(kurz & bündig)
ISBN 3-85128-049-0

Lektorat: Dr. Helga Zoglmann
Einbandgestaltung: Erich Baumann

Satzherstellung: inter-letter, Wien
Druck und Bindung: Wiener Verlag, Himberg

Inhalt

Vorwort des Herausgebers

Aberglauben, das beweist ein Blick in die Kulturgeschichte der Menschheit, gab es zu allen Zeiten und gibt es auch heute. Er ist ein unausrottbarer Begleiter des Menschen.

Natürlich gibt es nicht nur *einen* Aberglauben. Er tritt in vielerlei Gestalt auf, vom ganz privaten, ganz persönlichen Aberglauben bis zu einem, der ganze Zeitalter bestimmt und monströse Auswüchse erfährt.

Immer ruft er mächtige Feinde auf den Plan. Nicht selten folgt der Beseitigung eines Aberglaubens die Herrschaft des nächsten.

Etwa im Mittelalter grassierten Hexenglauben, Zaubermystik, Sterndeuterei und Geister- und Gespensterfurcht, ja, die geglaubte Existenz eines „leibhaftigen" Teufels.

Es grassierte auch kirchliche Inquisition, staatliche Verfolgung, gesellschaftliche Furcht und gewaltsame Abwehr.

Das Zeitalter der Aufklärung beseitigte *diesen* Aberglauben, allerdings nicht seine Wurzeln, die in der Seele des Menschen liegen.

Nun wurden Fortschritt, Emanzipation und der Glaube an eine absolute, alles erklärende Wissenschaft nicht selten bis in den Rang eines neuen Aberglaubens erhoben.

Politische Dogmen und Programme kamen hervor, die sich zu mystifizieren suchten, die weder „verstanden" noch „bewiesen" werden konnten, die einfach „geglaubt“ werden mußten. Wenn nötig, unter gewaltsamer Nachhilfe, wie schon gehabt.

Hitlers Appell an die „Vorsehung“ beruht ebenso auf starken Elementen des einfachen Aberglaubens wie Mussolinis „Geist des Faschismus“, von dem er selbst sagte, er sei mit Logik nicht zu fassen und beruhe auf „Glauben“.

Auch die ganz persönlichen Aberglauben erhalten und vererben sich weiter: unheilvolle Bedeutungen, Vorhersagen, Traumdeutungen, Zahlenmystik, astrologische Ratgeber, Alltagssymbolik, Sekten und übersinnliche Vereinigungen beruhen regelmäßig auf Aberglauben, auf Unbeweisbarem, aber Geglaubtem, und aus der Ritze der Seele selbst des aufgeklärtesten Menschen lugt noch ein Rest an Aberglauben hervor, und sei es uneingestanden.

„Es gibt Dinge zwischen Himmel und Erde, von denen sich Eure Schulweisheit nichts träumen läßt“, heißt es in Shakespeares „Hamlet“.

Dieses Buch unternimmt es, Herkunft, Ausbreitung und überhaupt die Mächtigkeit des Aberglaubens systematisch darzulegen. Ein tiefer und eindrucksvoller Einblick, zuletzt auch in uns selbst.

Wolf In der Maur

Was ist Aberglaube?
(Versuch einer Definition)

Schon unzählige Male wurde versucht, diesen Begriff zu definieren — von den unterschiedlichsten Standpunkten aus. Wirklich befriedigend ist keine dieser Erklärungen.

Die Schwierigkeiten, die sich einer gültigen Definition entgegenstellen, liegen wohl darin, daß sich keine exakte Trennungslinie zwischen „Glaube" und „Aberglaube" ziehen läßt.

Was einst für „wahr gehalten" — geglaubt — wurde, wurde von einer späteren Zeit- und Wissenswarte aus als Aberglaube qualifiziert. Daran hat sich bis heute nichts geändert; sieht man einen völkerkundlichen Film über die Riten uns ferner und als primitiv eingestufter Völker, etwa ihre Ahnenverehrung, Vorgänge bei einer Initiation oder kultische Tänze, so erscheinen uns diese als abergläubisches Tun, weil uns der Glaube fehlt, der bei den Ausführenden sehr wohl vorhanden ist. J. G. Leithäuser schreibt: „Solange Glauben und Wissen noch auf niedriger Stufe stehen, gibt es keinen Aberglauben; dieser tritt erst als eine Entartungserscheinung auf, wenn Religion und Wissenschaft einen hohen Stand erreicht haben."

Hieraus ergibt sich zumindest eine „strichlierte" Trennungslinie: hier Aberglaube — dort Religion und Wissenschaft. Karl R. H. Frick erklärt: „Der Aberglaube wird gelegentlich als ein Glaube an die Wirkung und Wahrnehmung naturgesetzlich unerklärbarer Kräfte definiert. Diesen Kräften werden dann durch die Geister, Dämonen oder Hexen Wille und Gestalt verliehen. Der Aberglaube ‚glaubt' nach unserer Definition an geheime Zusammenhänge aller Dinge untereinander und bringt in Form assoziativen Denkens die verschiedenartigsten, zufällig oder nach uns bekannten Gesetzmäßigkeiten zusammentreffenden Dinge in einen (quasi)kausalen Zusammenhang."

Worte für den Aberglauben gab es schon im Altertum. Im Griechischen war es „Deisidaimonia" und bedeutete nichts anderes wie Dämonenangst bzw. -furcht. Im Lateinischen steht dafür das Femininum „super-stitio", dessen Übersetzung „Schwur" bzw. „Beschwörung" ist, das metonymisch (mit umbenennender Bedeutung) auch als „abergläubisches Brauchtum" oder im Sinn „fremden Kults" verwendet wird.

Im deutschen Sprachgebrauch tritt das Wort „Aberglaube" erst im 15. Jahrhundert auf. Im Holländischen als „overgeloof" im Sinn von „Überglauben, Zu-viel-Glauben". Die Vorsilbe „aber" bedeutete ursprünglich eine Wiederholung, wie man sie heute noch in „abermals" oder „abertausend" gebraucht. Der Duden schreibt: „Bisweilen drückte ‚aber' früher auch die Richtung auf das Verkehrte hin aus" und nennt dafür „Aberglaube" und „Aberwitz".

In Rulands „Handwörterbuch der praktischen Seelsorge" (1933) erfolgt die Definition aus christlicher Sicht: „Tatsächlich legt ja der Aberglaube dem Menschen viel mehr Bindungen auf als jede dogmatische Religion. Denn überall dort, wo das logische Denken nur natürliche Zusammenhänge sieht, zwingt der Aberglaube zur Annahme geheimnisvoller, übernatürlicher Ursachenverbindungen, die teilweise sogar personifiziert werden. Das Bedürfnis des Menschen nach kausalen Verknüpfungen tritt gerade im Aberglauben deutlich zutage."

Während die Abstammung des Wortes „Aberglaube" verhältnismäßig einfach und eindeutig ist, stößt die Definition dieses Begriffs auf erhebliche Schwierigkeiten. Die verschiedenen Deutungsversuche sind auf die Standpunkte, von denen aus sie gegeben werden, zu relativieren.

Ist Magie Aberglaube?

Mit dieser Fragestellung begeben wir uns auf eine gewagte Gratwanderung. Unzweifelhaft waren die magischen Vorstellungen und alle damit verbundenen Riten in frühen Zeiten reiner und wahrhaftiger Glaube.

Im Altertum war Magie Glaube. Die Ursprünge sind in „Abwehrmechanismen" der Menschen gegenüber natürlichen Ereignissen zu suchen. Naturereignisse, wie Jahreszeiten, Mondphasen, Sonnenfinsternis, Wetter (vor allem Gewitter), Überschwemmungen, Erdbeben u. v. a. wurden unter- oder überirdischen Mächten (Wesen) zugeordnet. Da diese Erscheinungen jedoch zeitlich begrenzt waren, lag die Annahme nahe, daß das Vorübergehen dieser Vorgänge anderen, guten Mächten zu danken war. Ihnen zu opfern, wurde Pflicht.

Die Sumerer (5000 v. Chr.), Elamiter (4000 v. Chr.), Akkader (3000 v. Chr.), Babylonier, Assyrer, Meder u. v. a. suchten diese Rätsel zu erforschen. Erst die Chaldäer (um 2000 v. Chr.) erkannten die Gesetzmäßigkeiten im Lauf der Gestirne und schrieben sie einer obersten Gottheit zu. Dieser zu dienen, wurde Aufgabe der Priester. Deren „soziale Stellung" gab ihnen große Macht. Sie nützten sie gleichermaßen zum Guten wie zum Schlechten; sie formten Bildnisse zur Verehrung und zum Verderb. Die Verehrten brachten Glück, Gesundheit, Fruchtbarkeit (der Frauen und der Felder), Frieden — die anderen wurden verbrannt, durchbohrt, zerhackt, denn sie standen für Unglück,

Seuchen, Unfruchtbarkeit, Saatvernichtung und Krieg. Die magischen Kräfte wurden personifiziert. Erst in Tiergestalten, die bald menschliche Köpfe erhielten, bis die Götter, Dämonen und ihre Helfer endgültig Menschengestalt annahmen.

Das „Nahverhältnis" der Priester zu den Göttern und den Dämonen „befähigte" sie zur Weissagung (Divination). Sie gebrauchten dazu den Rauch, der von Brandopfern, Eingeweiden geschlachteter Tiere, aufstieg; sie verstanden die „Sprache" der Bäume, das Murmeln der Bäche, erkannten Zeichen aus dem Vogelflug usw. Sie beriefen sich auf ihnen erkennbare Gesetzmäßigkeiten, die sie aus den Stellungen der Gestirne ablasen. Sie waren die ersten Astrologen. Auch teilten sie die ihnen bekannte Welt bereits in die vier Himmelsrichtungen ein. — Sie haben auch die Zuordnung der erdbezogenen Metalle zu Himmelskörpern vorgenommen: Gold zur Sonne, Silber zum Mond, Blei dem Saturn, Eisen dem Mars usw. Ein Prinzip, das noch im Mittelalter von den Alchimisten angewendet wurde. (Im poetischen Sprachgebrauch verwendet man heute noch „Sonnengold" und „Silbermond".) Der in der Bibel genannte „Turm zu Babel" war Ausdruck magischen Denkens: Seine vier Ecken symbolisierten die Himmels- bzw. Weltrichtungen; die Sieben-Stufen-Anordnung, jede einem Planeten zugeordnet, war sichtbar gewordene hierarchische Ordnung, die in der Zahlenmystik eine wichtige Rolle spielt.

Bedeutendster Magier dieser Zeit war Zoroaster (Zarathustra). Er führte, das Götter- und Dämonenchaos entflechtend, wieder zum Dualismus Licht (Ahura Mazda — Ormuzd) und Finsternis (Ahrima) zurück. Für unser Thema interessant ist sein Reinigungsritual: da Haare und Nägel (empfindungslos) schneller als der Körper wachsen und so „ein Leben für sich führen", gehören sie für ihn — abgeschnitten — dem Bösen! Lange Zeit mußten Haare und Nägel vergraben oder verbrannt werden, da man glaubte, aus ihnen entstünden Insekten (vor allem Fliegen) und Schlangen — unvollkommene Wesen, die nicht gezeugt (!) werden und daher den unterirdischen Mächten (Satan) zugehören. Noch Paracelsus schrieb, daß Hexen ihre Haare dem Teufel anboten, weil sie große Kraft verleihen. Samson verlor seine Kraft, nachdem Dalila ihm das Haar abgeschnitten hatte. Nonnen opfern ihr Haar dem himmlischen Bräutigam. Das Haareabschneiden war zu allen Zeiten eine besondere Strafe. Was die Fliegen betrifft: jeder Orientreisende kennt die Fliegenplage. Seit alters gelten diese Tiere als unreine Krankheitsbringer. Zoroaster erklärt sie zu weiblichen Dämonen, Nasu geheißen, die nur von Hunden und Vögeln (Geschöpfe des Ormuzd) vertrieben werden können. Der böse „Gott der Fliegen" wurde Beelzebub genannt.

Die Scheu vor menschlichen Leichen verbot deren Berührung (Tabu = unanrührbar). Geschah es dennoch, war ein neuntägiger Reinigungsritus (Waschungen mit Ochsenharn und Wasser) notwendig, wobei Gebete gesprochen wurden. Eine Form der Dämonenaustreibung, wie sie später die Exorzisten mit Weihwasser vornehmen sollten.

Der jüdische Glaube als großer Wissensträger

Als der babylonische König Nebukadnezar um 586 v. Chr. Jerusalem eroberte, führte er die Juden in die Gefangenschaft. „Ein Tiefpunkt in der jüdischen Geschichte, religiös und geistig ein Höhepunkt" (O. Zierer). Damals entstanden Teile des Alten Testaments und der jüdischen Gesetze, die die Gottesverehrung, das Recht, das Privat- und Gemeinschaftsleben und die Wohltätigkeit behandelten. Die dualistischen Einflüsse Zoroasters — Gut : Böse, Gott : Teufel — sind unverkennbar. Als die Juden 50 Jahre später nach Palästina zurückkehrten, begann die Diaspora (Zerstreuung) und damit das In-die-Welt-Tragen dieses Gedankengutes.

Die Israeliten, die von alters her — vor allem während der ägyptischen Unterdrückung (der sie sich durch die Flucht durch das „Rote Meer" entzogen) — verschiedensten Einflüssen ausgesetzt waren, konnten ihren Monotheismus (Eingottglauben) nicht immer rein erhalten. Sie waren mehrfach gezwungen, Götzen zu opfern, etwa dem ammonitischen Moloch, der Kinder verschlang. Erst die Rückkehr nach Jerusalem brachte die Juden zur Erkenntnis: „Gottes Reich war nicht von dieser Welt... und nur das Kommen des Messias konnte sie aus ihrer Not befreien" (K. Seligmann).

In ihren Ursprüngen wurde die Magie jedoch als „verbotene Einmischung in Gottes Macht" von den

Juden mit der Begründung abgelehnt, sie käme vom Bösen. Die im Alten Testament angeführten „Wunder“ (etwa die Verwandlung eines Stabes in eine Schlange) waren Gottes Wille! Dennoch war Joseph ein „Hydromant“, d. h. er konnte aus dem Blick ins Wasser weissagen. Im Buch Moses wird er zitiert: „Wisset ihr nicht, daß ein Mann wie ich erraten könnte?“ — Am Vortag des Laubhüttenfestes, am Versöhnungstag, wurden zwei Böcke geopfert: „Der Jahwe geweihte wurde in der herkömmlichen Weise geopfert, aber der Sündenbock, d. i. der ‚Asasel‘ geweihte, wurde in die Wüste gejagt. Die Nachsilbe ‚el‘ (Herr) deutet darauf hin, daß Asasel früher eine Gottheit war, ein Lokalgott semitischer Stämme“ (Seligmann).

Die wichtigsten ägyptischen Totenkulte

Die nächsten Hochkulturträger waren die Ägypter, die, zum Unterschied von den vorgenannten, vor allem die Totenkulte besonders hochhielten. Die Eingottverehrung Echnatons war in der Geschichte des Landes nur eine Episode — die Beziehung zum Tode war die Grundlage der ägyptischen Magie. Die zahlreichen Pyramiden und Begräbnisstätten der heiligen Tiere sprechen eine deutliche Sprache. Die Ägypter glaubten, daß die „Welt der Toten“ im Westen liege, im Sonnenuntergangsland. Der Mythos des Osiris (er war der göttliche Bruder und Gatte der Isis) erkannte ihn als Menschheitserlöser. Er war der Richter über die Toten — wie später der christliche Gott im Jüngsten Gericht. Das berühmte „Totenbuch“ gab Auskunft darüber, wer, wann, wie und wo erlöst oder verdammt werde. Religion oder Aberglaube, es war wichtig, daß dem Toten vor Osiris „der Mund geöffnet wurde“, damit er antworten konnte, wie es das „Totenbuch“ vorschrieb. Eine der großen Ängste schon der Ägypter war, daß Tote in ihre Häuser zurückkehren könnten. Im „Totenbuch“ heißt es: „Ich habe Worte gesprochen über den heiligen Kräutern, die ich in alle Ecken des Hauses gelegt habe.“

Beziehungen zur christlichen Religion lassen sich auch aus dem Isiskult ableiten. Isis war die Göttin der Liebe, der Mütterlichkeit, der Fruchtbarkeit und Anmut. „Ihre Tränen lassen die Wasser des Nils anschwellen, die das Land überschwemmen und fruchtbar machen“ (Seligmann). Sie war das Sinnbild der Immaculata (der Unbefleckten) und der Mater Domini (der Mutter des Herrn), was sich im Wort Madonna erhalten hat. Sie galt als Königin des Himmels, trug den Sternenmantel und stand mit einem Fuß auf der Erde, mit dem anderen im Meer. Plutarch (50—125 n. Chr.), der griechische Philosoph, sprach von der heiligen Trinität von Osiris, Isis und Horus (ihrem falkenköpfigen Sonnensohn), als dem „vollkommenen Dreieck“ — einer magischen Kraft.

Philosophen nähern sich der Magie: Griechenland

Die Verwurzelung der Griechen in ihrer umfassenden Mythologie war bestimmend für ihr philosophisches Denken. Die Naturbeobachtung war für sie sekundär. „Der Geist triumphierte über den Stoff" (Seligmann). Die vier Elemente Luft, Wasser, Erde und Feuer, welche die Gestirne symbolisierten, waren wichtig. Das so geordnete Denken war ein magisches. Platon (427—347 v. Chr.), der Sokratesschüler, war allem sinnlichen Denken abhold. Seine Idee war die Urgestalt, und um diese unanfechtbar zu machen, versinnbildlichte er sie in Zahlen, nach denen auch die Weltharmonie ausgerichtet war. Er berief sich dabei auf Pythagoras (6. Jh. v. Chr.), der die Zahlenverhältnisse in der Natur erkannt hatte und diese in einem „Geheimbund" lehrte (D. Lindner, „Geheimbünde Europas" — Ch. Zettel, „Geheimnis der Zahl").

Auch die Philosophen glaubten an dämonische Erscheinungen und kannten magische Rituale, die gegen solche wirksam waren.

Das apollinische Denken der Klarheit und Harmonie stand gleichberechtigt neben dem dionysischen, dem Dunklen, Chaotischen der Dämonen.

Die Griechen standen dem begrifflich Unfaßbaren, wie dem Schlaf und dem Tod (letzterer war stark von ägyptischen Kulturen geprägt), ambivalent gegenüber. Der Schlaf und die Träume waren für sie ein Vordringen des Menschen in übersinnliche Bereiche. In den Träumen entstand die Vielzahl der griechischen Mythen — in den Träumen tauchten die positiven und die negativen Vorhersagen auf. Die Ärzte dieser Zeit verstanden sich auf die Deutung der Träume, wie es die Priester verstanden, die oft kryptischen Worte der Pythia, des delphischen Orakelmediums (über dem das tiefsinnige „Erkenne dich selbst" stand), zu entschlüsseln.

Der Gott der Heilkunst, Asklepius (= Äskulap, Sohn des Apollon), müßte als erster Psychologe gelten. In den nach ihm benannten „Heilstätten" (die wichtigste „aesculapia" oder Tempelheilstätte war in Epidaurus) verordneten die dort wirkenden Priester den Heilschlaf; während des Schlafs verkündete der Gott im Traum das nötige Heilmittel. Das „Sinnbild", der von einer Äskulapnatter umwundene Stab, gilt heute noch als Ärztezeichen. Äskulaps Tochter war Hygieia, die Göttin der Gesundheit, deren Name in „Hygiene" weiterlebt. Die Nachfahren des Arztes Hippokrates (460—380 v. Chr.), die Begründer der wissenschaftlichen Medizin, nannten sich Asklepiaden. (Noch heute schwören die jungen Ärzte den hippokratischen Eid!)

Traumdeuter waren hoch angesehen. Artemidoros Daldianos verfaßte das wahrscheinlich erste Buch über Traumdeutung. Aus diesem geht hervor, daß schlechte Träume Glück bedeuten können, ein Widerspruch, den es im Aberglauben häufig gibt!

Die Annahme, daß der Schlaf einen totenähnlichen Zustand bedeute, ist uralt. Ebenso der Glaube an das Wiedererscheinen eines Toten. Es gibt in allen Kulturen unzählige diesbezügliche Berichte. Dennoch war, auch bei den Griechen, die Totenbeschwörung üblich, vor allem um sie den Lebenden günstig zu stimmen. Auch war es bereits Brauch — lange vor der katholischen Reliquienverehrung —, Totenknochen im Haus aufzubewahren.

„Jeder, der danach trachtet, anderen durch magische Bindungen oder Zauber zu schaden, sei er nun Prophet oder Wahrsager, soll sterben."
Platon: „Gesetze"

Wir bewegen uns in einem Zwischenbereich von Glauben und Aberglauben. Und auch im Darstellungsversuch des Orakelspruches bleiben wir darin. Nicht erst unserer Zeit war es vorbehalten, gegen diese Weissagungsform Zweifel zu hegen. Schon der Satiriker Lukian (120—180 n. Chr.) meinte: „Nur ein zweiter Apoll hätte die Aussagen des ersten erklären können." Dennoch: die Mantik (Weissagekunst) stand im griechischen Ansehen hoch, und selbst im politischen Leben geschah nichts ohne „göttliche Weissagung", auch Kriege konnten nur unter Mitnahme von „Glückseulen", die der Pallas Athene geweiht waren, stattfinden. Alles im Glauben, daß das Ausgangsschicksal vorbestimmt sei! — Ein Orakel besonderer Bedeutung war die Alektryomantie, die den Hähnen galt. Da wurden Buchstaben in den Sand gezeichnet, dann

Futter gestreut, und die Reihenfolge, in der der Hahn die Körner aufpickte, bildete die Grundlage für die Weissagung. Der bedeutendste Astrologe und Geograph jener Zeit war Ptolemäus (85—160 n. Chr.), ein gebürtiger Ägypter, dessen Weltsystem die Erde als Mittelpunkt annahm; eine Auffassung, die bis Kopernikus Gültigkeit hatte. Ptolemäus glaubte an Weissagungen. Gleich ihm waren auch chaldäische Astrologen als „Fremdarbeiter" im antiken Griechenland tätig und erlangten mit ihren Sterndeutungen großes Ansehen.

Magie im alten Rom

Daß die Magie die Lehre von Schwindlern oder Narren sei, behauptete der römische Schriftsteller Plinius d. Ä. (23—79 n. Chr.) in seiner „Naturalis Historia". Jedoch gab er zu, daß die Magier zu allen Zeiten Einfluß ausgeübt hätten. Kaiser Nero (37—68 n. Chr.) folgte ihm in dieser Anschauung und weitete sie auf die Philosophie aus, „weil sie unsinnig sei und denen als Vorwand diene, welche die Zukunft zu wissen wünschten". Und das, obwohl Astrologen ihn in allen politischen Entscheidungen berieten.

Als es unter Kaiser Konstantin (280—337) zu einer Begünstigung des bisher verfolgten Christentums kam (Toleranzedikt von 313), bahnte sich dessen Entwicklung zur Staatsreligion an. Damit setzte der Kampf der Kirche gegen die als heidnisch bezeichnete Magie ein. Eine Gegenbewegung war bereits im Neuplatonismus des Philosophen Plotin (205—270) entstanden. Diese Eingottlehre nimmt als Quelle des Seins das Eine — Gott, das Gute — an, aus dem Geist (Idee), Seele und Körper hervorgehen. Der Neuplatonismus beeinflußte Kirchenväter, Scholastiker und Mystiker gleichermaßen.

Obgleich die Philosophie Plotins Magie und Astrologie ablehnte, wandte man zur Krankenheilung Zaubersprüche an und vertrat die Meinung, daß die Elemente mit (guten) Dämonen in Verbindung stünden. Jahrhundertealte heidnische Kulte blieben im Menschheitsbewußtsein vorhanden und wurden auch weiterhin heimlich angewendet.

„Wenn man dir erzählt, daß es viele neue Bekehrte gebe, so kannst du sicher sein, daß ihre Bekehrung nur vorgetäuscht ist. Sie bleiben, was sie waren. Sie zeigen ihre neuen religiösen Gefühle, wenn sie mit echten Christen zusammen sind. Sie scheinen die Zahl der Christus-Gläubigen, mit denen sie beten, zu erhöhen . . . Zweifellos beten sie — aber in unziemlichen Worten. Sie sind wie der Tyrann in der Tragödie: ohne wirkliche Tyrannen zu sein, tragen sie deren Maske.“
Libanios, griechischer Rhetor (314—391)

Pflanzen im Aber- und im Zauberglauben

Pflanzen hatten durch ihr geheimnisvolles Wachsen, Blühen, Früchtetragen und Vergehen schon immer magische Wirkung auf die Menschheit ausgeübt. Später erkannte man ihre Heil- und Zauberkräfte.

Unzählige Bücher aus allen Jahrhunderten zeugen für das Interesse der Menschen an der Pflanzenheilkunde. Dabei nahmen die magischen Wirkungen breiten Raum ein. Nachstehend werden die wichtigsten „Zauber- und Heilpflanzen“ angeführt.

Die Alraune (Mandragora officinarum) ist die begehrteste und legendenträchtigste Glückswurzel, weil sie der menschlichen Gestalt ähnelt. Man glaubte, daß es weibliche und männliche Alraunen gäbe, die lebendig und schmerzempfindlich wären. Um sie auszugraben, mußte ein Ritual eingehalten werden: nur des Nachts durfte das geschehen, und da man glaubte, daß die Alraune beim Verlassen des Bodens so laut schreie, daß man daran sterben könne, bediente man sich eines Hundes, an dessen Schwanz die gelockerte Pflanze angebunden wurde und den man mit einem Knochen lockte. — Der Besitz einer Alraune bedeutete Hausglück, Schwangerschaft, Reichtum; auch konnte die Wurzel vererbt werden.

Beifuß und Wermut gehören zur Gattung der ‚Artemisia‘, nach der Göttin Artemis (Diana), die später eine Hexengöttin wurde. — Man braute daraus Heilsalben und stark aphrodisierende Getränke.

Den Bohnen (Leguminosae), den Samen der Hülsenfrüchte, wurden besondere lebenerhaltende Kräfte zugeschrieben, sogar Unsterblichkeit, weil Bohnen, als Grabbeigaben verwendet, noch nach Jahrhunderten zu keimen begannen, wenn sie ans Tageslicht kamen. Man trug sie auch an Kettchen als Talismane zum Schutz vor bösen Geistern und legte sie in Kinderwiegen. Sieben Bohnen, kreisförmig auf den Weg gelegt, über den ein geliebter Mensch ging, band diesen für immer.

Der Fliegenpilz (Amanita muscaria), auf allen romantischen Märchenbildern zu sehen und als giftig gemieden, war auch im Altertum bekannt. Bei den orgiastischen Festen der Griechen wurde er gegessen, um Körperkraft und sexuelle Potenz zu erhöhen. „Bei den alten Germanen war der Fliegenpilz Wotan/Odin, dem Gott der Ekstase und Entdecker der zauberkräftigen Runen, zugeordnet. Der Sage nach entstehen Fliegenpilze dort, wo der Schaum von Wotans Pferd auf die Erde tropfte ... Der deutsche Name leitet sich wahrscheinlich von der Fliege als Zaubertier und/oder der Kraft des Pilzes, den Menschen ‚fliegen zu lassen' her" (Ch. Rätsch). Er wurde auch bei der Herstellung der Hexensalbe verwendet. Auch nennt man ringförmig wachsende Fliegenpilze einen Hexenkreis.

Das Gänseblümchen (Bellis perennis), aus der Gruppe der Asterngewächse, ist eine beliebte Orakelblume für Mädchen. Beim Abzupfen der Blütenblätter fragen sie: „Er liebt mich, er liebt mich nicht!“ oder „Er liebt mich, von Herzen, mit Schmerzen, ein wenig oder gar nicht!“ Was beim letzten Blatt gesagt wird, ist der „Orakelspruch“.

Der heute noch so beliebte Glücksklee Trifolium hat in der Entwicklungsgeschichte eine Wandlung erfahren. Ursprünglich war es der dreiblättrige Klee, den man schätzte, da er als Symbol der Dreieinigkeit galt. Später, als man merkte, daß die Vierblättrigkeit viel seltener war, stieg dieser zum Glückssymbol auf. Er wird zwischen Glas als Anhänger geschätzt und als Stöckchen stets zum Neujahr geschenkt. Eine Legende berichtet davon, daß Eva beim Verlassen des Paradieses ein solches Blatt zur Erinnerung mitgenommen habe. Ein altes Sprichwort besagt: „Heil dem Auge, das ihn findet — weh der Hand, die ihn pflückt.“

Der Knoblauch (Allium sativum) hatte neben seiner Verwendung als Nahrungsmittel und Gewürz früher den Ruf einer Zauberpflanze. In Ägypten von den Bauern als Gottheit verehrt und als Aphrodisiakum verwendet, sahen ihn die Hebräer als Talisman an. Vor allem sein Geruch sollte böse Geister und Dämonen abschrecken, selbst Vampire könnten ihn nicht ertragen. Stets aber war er unerläßlich bei der Zubereitung von verjüngenden Lebenselixieren und wird in diesem Sinn heute noch angeboten. Ch. Rätsch berichtet von einem altspanischen Brauch, der von einem unerwünschten Liebhaber befreien soll: „. . . dazu werden zwei Nadeln mit Knoblauch eingerieben und an einer Wegkreuzung versteckt. Geht der Freier darüber, verliert er den Wunsch nach dem betreffenden Mädchen."

Der Lorbeer (Laurus nobilis) war wegen seiner immergrünen Blätter ein Symbol der Unvergänglichkeit, des Sieges und des Ruhms. Man wußte auch um die psychedelischen Wirkungen beim Kauen der Blätter oder beim Einatmen des Rauchs beim Verbrennen. Es heißt, daß die Pythia des delphischen Orakels durch Lorbeerrauch in Trance versetzt wurde, ehe sie ihre Wahrsagungen murmelte, die von „amtlichen Priestern übersetzt" und daher oft manipuliert wurden. Noch bis ins Mittelalter galten die Blätter des Lorbeers als Hilfsmittel, um in die Zukunft blicken zu können.

Die Mistel (Viscum album) ist eng mit der heidnisch-germanischen Sagenwelt verbunden, hängt sie doch mit dem Tod des Lichtgottes Baldur zusammen. Der neidische Loki gab dem blinden Hödr einen spitzen Mistelzweig, der tötete damit Baldur. Die hellen Beeren der Mistel entstanden aus den Tränen von Baldurs Frau. Diese Pflanze (sie wächst als Parasit auf Bäumen) wurde den liebenden Frauen geweiht. Weil sie ihre Früchte im Winter trägt, ist sie Symbol der Wintersonnenwende. Ein Kuß unter einem ihrer Zweige bringt eine gute Ehe. Ch. Rätsch ergänzt: „In Tirol heißt die Mistel Drudenfuß und gilt als Schutz vor Hexen und Teufeln. Sie wurde auch als ‚Hexenbesen' bezeichnet und als Orakelpflanze benutzt."

Zum Abschluß dieser kleinen Auswahl sei noch die Tollkirsche (Atropa belladonna) genannt, die ihres lateinischen Namens wegen mit einem verführerischen weiblichen Geist verbunden wurde. So verwendeten die Griechen die Tollkirsche für Liebeszauber und als Aphrodisiakum, wobei es zum Ritual gehörte, eine Opfergabe in das Wurzelloch zu legen. — Der deutsche Name weist auf das in der Tollkirsche enthaltene Alkaloid Atropin, das Tollheit (Erregung und Verwirrtheit) auslöst. Als Hexenkraut eingestuft, mußte sie auch zur Bereitung der Hexensalbe dienen.

In der Pflanzenwelt vollzog sich ein ständiges — den Menschen noch unerklärliches — Werden und Vergehen. Was aber alle Jahre wiederkam, mußte über geheime Kräfte verfügen. Um sich diese nutzbar zu machen, ließ der Mensch kein Mittel unversucht.

Tieraberglaube

Diese Aberglaubensform geht wohl bis in früheste Zeiten zurück. In Zeiten, als dem Menschen immer wieder neue, furchterregende Lebewesen entgegentraten. Es war ein langwieriger Entwicklungsprozeß, bis sich Jäger den oft riesigen, schnellaufenden, auffliegenden Lebewesen zu nähern und sie zu töten wagten.

Die Urängste vor den so andersartigen Tieren haben sich sicher vererbt — und man begann diesen Wesen Eigenschaften zuzuschreiben, die mit deren Lebensgewohnheiten zusammenhingen: solche die in Erdhöhlen lebten wurden mit unterirdischen Mächten, die fliegen konnten mit luftbewegenden identifiziert. So entstand in der Mensch-Tier-Beziehung eine diffuse Wertung, die zur Mythen- und Legendenbildung führte. Man ordnete Tiere guten oder bösen Mächten zu, einige wurden vergöttlicht — und damit sind wir beim Aberglauben.

Zunächst zu den Vögeln: Des Adlers ruhiger Flug in großen Höhen erregte Bewunderung. Man behauptete von ihm, er verjünge sich wieder, wenn er alt geworden war — wohl eine Übernahme der orientalischen Phönixlegende. Der Vogel Phönix soll sich alle fünfhundert Jahre verbrannt haben und verjüngt der Asche entstiegen sein. Vom Adler glaubte man, er wäre das einzige Lebewesen, das ungestraft in die Sonne blicken könne. Das erhob ihn zum „Vorbild der Auferstehung der Seele nach dem Tode“ (E. Villiers). Die Griechen erzählten:

Gott Zeus wurden im Kampf gegen die Titanen von einem Adler die Blitze gebracht, die ihn siegen ließen. Die dem Vogel zugedachten Kräfte machten ihn bei den Ägyptern und den Römern heilig. Später wurde er als Symbol in die Staatswappen aufgenommen. Und wie Wotan, der Gott der Winde, Adlerflügel an seinem Helm trug, so sollen noch heute Adlerfedern am Hut des Trägers Sehkraft und Mut stärken.

Die Tauben hingegen — vor allem die weißen — sind ein uraltes Friedenssymbol und werden als „dritte Person in Gott", als „Heiliger Geist", im Neuen Testament verehrt und in der Genesis im Zusammenhang mit der Sintflut genannt. Tauben gelten wegen ihrer „Partnerzärtlichkeit" als Glücksvögel für Liebende. Wenn sie im Wasser baden, so deutet das auf Regen. Taubenblut sollte Sommersprossen entfernen. — Es gibt jedoch auch negative Meinungen: ihr mehrmaliges Erscheinen kann Krankheit, auch einen Todesfall bedeuten (England). Zigeuner hingegen empfinden eine weiße Taube auf ihrem Wagen als höchstes Glück.

Der Kuckuck, als Frühlingsbote besungen und in die Lyrik aufgenommen, ist im Volksglauben ein überirdisches Wesen. Sein Ruf gilt als Orakel. Aus der Zahl seiner Rufe errechnen junge Leute die Jahre bis zu ihrer Heirat. Wenn er ruft, klopft man auf die Geldbörse und hofft auf Vermehrung. Prophetische Wirkung zeigt sein Rufen nach dem Johannestag: da bedeutet es für die Bauern eine schlechte Ernte — und wenn sich der scheue Vogel in einem Dorf blicken läßt, bringt das Unglück.

Die in Mythen und Märchen meistgenannten Vögel sind die Raben. In gleicher Weise sind sie Glücks- oder Unglücksboten. Vereinzelt werden sie auch mit dem Teufel in Zusammenhang gebracht. In der germanischen Mythologie ist Wotan (Odin) stets von zwei Raben umgeben (Hugin, der Gedanke, und Mumir, das Gedächtnis), um zu erfahren, was in der Welt geschieht. Rabengekrächze bedeutet familiäre Streitigkeiten, was mit dem Aberglauben zusammenhängt, daß Verdammte in Raben verwandelt würden. Das heute noch gebräuchliche Wort „Rabeneltern" bezieht sich auf die alte Ansicht, der Rabe kümmere sich wenig um seine Jungen. In der Volksmedizin wurde Rabenblut gegen Hämorrhoiden angewendet und hustenden Kindern ein Rabenfuß um den Hals gehängt.

Das verbreitetste „Ammenmärchen" ist, daß der Storch die Kinder bringe. Der Grund dafür läßt sich aus verschiedenen Umständen herleiten: die besondere Brutpflege des Storches, seine Treue zum von ihm gebauten Nest (bedeutet Hausschutz vor Blitz und Feuer!) und die Annahme, er verwandle sich während seines Winteraufenthaltes in einen Menschen. Dazu tritt der alte Glaube, daß sich im Lebensraum der Tiere, den Seen und Teichen, die Seelen der Ungeborenen aufhielten.

Es gab kaum ein tierisches Lebewesen, das von den Menschen nicht mit magischen Vorstellungen umgeben wurde. So etwa waren die Bienen stets ein Symbol des Fleißes und wurden beschützt. Wer eine Biene tötete, war dem Teufel verfallen. Imker versuchten Stockabwanderungen zu verhindern, indem sie das Rindenstück einer vom Blitz getroffenen Eiche auf den Korb legten. In manchen Gegenden breitete man bei Hochzeiten weiße Bändchen vor das Flugloch, bei einem Todesfall schwarze. Man vertraute ihnen Familienereignisse an.

Fliegen wurden als Teufels- und Hexentiere angesehen, vielleicht ihrer Lästigkeit wegen. Es heißt auch, man habe sie als Überträger von Seuchen gehaßt. Ganz anders war das Verhalten zu überwinternden Stubenfliegen, die als Glücksbringer galten.

Die sagenhafte Schlauheit des Fuchses auf die eigene Geschäftstüchtigkeit zu übertragen, veranlaßte Händler, Abbilder dieses Tieres als Talisman zu tragen. Um diese Räuber von Gänsen und Hühnern fernzuhalten, schlug man drei Eichenpfähle in den Boden und „verbannte" sie dadurch so weit weg, als die Hammerschläge hörbar waren — ein Bannzauber.

Die Herkunftsgeschichte der Gänse, wie sie im Mittelalter aufgezeichnet wurde, ist Aberglaube reinster Form: diese sollen nämlich auf Bäumen wachsen. Da sie vegetativ entstanden, konnte man sie auch in der Fastenzeit verspeisen; so lange, bis Papst Innozenz III. (1160—1216) es verbot! Im Volk galt der Glaube, daß hochfliegende Gänse Feuer ankündigten, und in der Medizin traute man dem Gänsefett sexuelle Anregung zu; auch gegen Haarausfall sollte es wirken. Der warme Kot eines Gänserichs wurde als Mittel gegen Geschlechtskrankheiten angewendet, und das Essen eines Gänseeies um Mitternacht sollte einen Bruch kurieren!

Der stolzierende und hennenbeherrschende

Hahn wurde zum Fruchtbarkeits- und — als Morgenkräher — zum Wachsamkeitssymbol. Daher auch der „Wetterhahn“ auf den Kirchtürmen. Niemand sollte aufstehen, ehe der Hahn gekräht und die Nachtdämonen vertrieben hatte. Krähte er aber kurz vor Mitternacht, so zeigte er einen Todesfall an. Schwarze Hähne wurden geschlachtet, man glaubte, daß aus ihren Eiern (!) Drachen oder Basilisken kämen.

Die heute noch regional konträren Auffassungen, ob Katzen, vor allem schwarze, Unglück brächten, haben verschiedene Ursprünge. Früher galten Katzen immer als Glücksbringer. In Ägypten waren sie heilig, wurden mumifiziert, weil die Göttin Pasht (= Bastet, Tochter der Isis) mit Katzengesicht dargestellt wurde. Auch Griechen und Römer hielten sie in Ehren. Das Wort Katze kommt entweder vom lateinischen „catus“, was gescheit und gewandt heißt, oder von einem aus einem Lockruf entstandenen nordgermanischen Wort. Seit jedoch im Mittelalter Katzen mit Hexen identifiziert wurden (wohl weil sie nachts unterwegs sind), gelten sie als Unglücksbringer. Um eine neue Katze heimisch zu machen, schnitt man ihr Haare ab und legte diese unter einen Tischfuß. Katzenexkremente wurden in der Volksmedizin verwendet; das Auflegen eines Katzenfells bei Rheuma wird immer noch praktiziert.

Ein unbestrittenes Glücks- und Orakeltier ist der Frauen- und Marienkäfer (septem punctato = Siebenpunkt). Ihn zu töten, bringt Unglück. Läßt er sich auf einem Menschen nieder, zählen Unverheiratete an seiner Verweildauer die Jahre bis zur Hochzeit, sonst errechnet man daraus die Lebensdauer. Setzt er sich auf die Hand, bedeutet das Geld. Fliegt er auf, bittet man um schönes Wetter.

Die Aversion gegen Schlangen hängt seit christlicher Zeit mit der Sündenfallsgeschichte zusammen, wo der Teufel in Schlangengestalt als Versucher auftrat. In vorchristlichen Zeiten war die Einstellung eine völlig andere — die Schlange wurde in wichtigen Kulten geehrt, in Häusern gehalten und galt seit Äskulap (Asklepios), um dessen Stab sie sich ringelt, als Symbol der Weisheit und der magischen Fähigkeiten. Ihre jährliche Häutung sah man in Parallele zur Genesung Kranker.

Das Schwein, uraltes Tieropfer bei Götzendiensten und rituellen Mahlzeiten, ist bei den Juden, die nur Wiederkäuer als eßbar ansehen, verpönt. „Der Grund hiefür mag sowohl in der gesundheitlichen Gefährdung durch die sehr verbreiteten Trichinen als auch durch die mangelhaften hygienischen Verhältnisse gelegen haben“ (P. Landesmann).

Griechen und Römer kannten diese Bedenken nicht. In der abergläubischen Volksmedizin galt die Milch einer Sau als Mittel gegen Trunk- und Schwindsucht sowie gegen Verstopfung. Schweinekot wurde gegen Geschlechtskrankheiten angewendet. In der späten christlichen Symbolik galten Schweine, wie viele Tiere, als Teufelsverkörperung.

Die Griechen erklärten die Entstehung der Spinnen so: Arachne, eine Färberstochter, lernte bei Göttin Pallas Athene die Webkunst. Weil sie aber als „Meisterstück“ ein Gewebe anfertigte, das die

Liebesabenteuer der Götter darstellte, zerriß es die Göttin. Arachne erhängte sich. Pallas Athene bereute ihr Tun und schenkte dem Mädchen ein neues Leben — als Spinne. Spinnen aus Gold und Silber oder in Edelsteine geritzt galten den Römern als Amulette. Als heiliges Tier der Liebesgöttin Freyja verehrten es die Germanen.

„Die Spinne wirkt mit ihren Händen und ist in der Könige Schlösser."
Aus den „Sprüchen" König Salomos

„Spinne am Morgen bringt Kummer und Sorgen
Spinne am Mittag Freude am Drittag
Spinne am Abend erquickend und labend."
Sprichwort

Bauern schätzten Spinnen im Stall, weil sie das Vieh vor Krankheit schützten und ihre Netze Dämonen abhielten. Auch als Wetterpropheten wurde sie geachtet: spannen sie ihre Netze in der Nähe des Ofens, war Kälte zu erwarten, spannen sie sie beim Fenster, sollte es warm werden.

Die Phantasie der Menschen uferte, von Angst getrieben, oft aus. So bei der „Erfindung" von Tierkombinationen. Der Name des sehr verbreiteten Fabel- und Märchentiers, des Drachens, kommt aus dem griechischen „drákon". Aus Griechenland stammen auch erste Berichte über ihn. Eine Drachin (drakaina) namens Delphyne wurde von

Apollo in Delphi getötet. Auch Herakles und Jason werden zahlreiche Tötungen von Ungeheuern nachgesagt. Riesenschlangen und Meeresungeheuer (Hydra) werden da vermischt. Diese schlangenförmigen Tiere wurden beflügelt und als feuerspeiende Bewacher gehorteter Schätze dargestellt. In den nordischen Mythen wurden sie Lindwurm genannt — im Althochdeutschen bedeutete „lint“ sowohl Schlange wie Drache. Sagenhelden wie Siegfried überwanden sie. Er tötete den den Nibelungenhort bewachenden Fafnir. Als Symbol für das Böse in der christlich gewordenen Welt fand der Drache im heiligen Georg seinen Überwinder.

Was ein anderes Fabeltier, der Basilisk, mit dem Drachen gemeinsam hatte, war die Abstammungslegende: aus Eiern schwarzer Hähne (!), die von Schlangen ausgebrütet wurden. Schon der Prophet Jesaias verwendete für „Böses im Sinn haben“ das Wort „Basiliskeneier ausbrüten“. Der Atem dieses Tieres verbreitete Seuchen, und sein Blick war tödlich. Aus Legenden wissen wir, daß den Basilisken nur der Anblick seines Spiegelbildes töten konnte.

Eine verbreitete Aberglaubensvorstellung war, daß Menschen sich zeitweise in Tiere, vor allem in Wölfe, verwandeln könnten (Lykanthropie bzw. Lykomanie). Diese nannte man Werwölfe (was vom Lateinischen „vir“ und dem Mittelhochdeutschen „wer“ kam; Wolf griechisch „lykós“). Unter dem Einfluß verschiedener Mondphasen und Dämonen, so glaubte man schon in der Antike, wurden derartige Wolfsverwandlungen durch das Anlegen eines Gürtels aus Wolfshaut (Zaubergürtel) ermöglicht. Der Theologe Thomas v. Aquin (1225–1274) sah in Werwölfen dämonische Ausgeburten, leugnete aber die Menschenverwandlung, da sie mit den göttlichen Naturgesetzen nicht in Einklang stünde. Anders agierten die Autoren des „Hexenhammers", die behaupteten, daß „Hexen durch die Macht der Dämonen in Wölfe . . . verwandelt werden". Krankheitsfälle, die durch Tollwut hervorgerufen wurden, könnten dabei mitgespielt haben. Im Verlauf der „Hexenhetze" wurden auch immer wieder Werwölfe verurteilt und hingerichtet. Damals lebte man noch im Glauben, daß Menschen mit über der Nasenwurzel zusammengewachsenen Augenbrauen Werwölfe oder Vampire seien.

Dem irischen Autor Bram Stoker (1847–1912) und seinem Buch „Dracula" (1897) ist es zuzuschreiben, daß der im osteuropäischen Raum beheimatete Glaube an Vampire in die Welt getragen wurde. Vampire sind „umgehende" Tote, die Lebenden Blut aussaugen. Als Gegenmaßnahmen galten: Öffnen des Grabes, in dem die unverweste Leiche liegt, die geköpft oder deren Herz mit einem Holzpfahl durchbohrt werden mußte; auch das Verbrennen konnte sie unschädlich machen.

Tiere als sich bewegende, ja sogar fliegende Lebewesen waren zu allen Zeiten in besonderem Maße dazu angetan, die Phantasie der Menschen anzuregen — ja sogar Fabeltiere zu erfinden.

Von Nymphen, Nixen, Elfen, Riesen, Zwergen und noch so allerhand

Die vier Elemente wurden nach und nach mit geheimnisvollen guten und bösen Wesen bevölkert — und die um sie gerankten Geschichten waren das „Ausgangsmaterial" für unsere Märchen.

Paracelsus, Humanist, Arzt und Philosoph, unterschied, wobei er antike und regionale Vorstellungen vermischte, die Geister nach den vier Elementen in Wasser-, Erd-, Feuer- und Luftwesen — also Nymphen und Undinen, Zwerge und Gnomen.

Nymphen (=Bräute), Töchter des potenten Zeus, waren als Dryaden den Bäumen, als Naiaden den Quellen, als Nereiden bzw. Okeaniden dem Meer, als Oreaden den Bergen zugeordnet. Sie erschienen im Gefolge der Artemis, des Hermes, des Dionysos und der Satyrn und Silene. (Heute würde man solche Wesen Gespielinnen nennen.) Die antike Mythologie ist voll schönster Legenden, etwa die der Daphne, die sich, vor den Bedrängungen Apolls rettend, in einen Lorbeerbaum verwandelte.

Quellen und Tümpel waren für Griechen, Römer und Germanen gleicherweise heilige Orte, die man mit vermenschlichten Wesen erfüllte. Die Germanen sahen den Wassermann (Nickelmann) als Beherrscher der Nixen, die als Undine, im Slawischen als Rusalka u. a. m. in Erscheinung traten.

Ihre Farbe war grün, und allen war gemein, daß sie Menschennähe suchten. Sie tanzten mit jungen Männern, mußten aber zu einer bestimmten Zeit in ihr Element zurückkehren, wo sie ihre eigentliche Gestalt, oben Frau, unten Fisch, annahmen. Wasser war überall geheimnisvoll. Etwas ins Wasser werfen, bedeutete zu opfern. (Heute werfen Touristen Münzen in Brunnen!)

Aus diesen diffusen Vorstellungen entstanden in der Phantasiewelt der Menschen noch andere Wesen. Etwa die Riesen, die griechischen Kyklopen; nach Homer menschenfressende Wesen mit nur einem Auge, die Zeus aus der Unterwelt, wo sie dienten, befreite, wofür sie ihm Blitz und Donner gaben. Sie galten für das Volk als Errichter der mächtigen Steinbauten der Städte.

Bei den Germanen, die selbst hochgewachsen waren, wurden sie vergöttlicht. (Riese stammt vom angelsächsischen „wrisilik“ = riesenhaft.) Sie hatten höchst komplizierte „Stammbäume“. Auch sie standen hinter den Elementen: Reif-, Stein-, Feuer- und Wasserriesen. Als Gegenspieler der göttlichen Ordnung verursachten sie die „Götterdämmerung“, wie uns im „Ragnarök“ der „Edda“ berichtet wird. Die Riesen zogen zum Göttersitz Asgard: die riesige Midgardschlange wühlte das Meer auf, der Fenriswolf (ihr Bruder) sprengte seine Fesseln und verschlang Odin (Wotan) und die Sonne; Schwester Hel (alle drei wurden vom bösen Loki und der Riesin Angrboda gezeugt), die Herrin des Totenreiches, hatte „Yggdrasil“ (die immergrüne Weltesche, den heiligen Baum) erzittern lassen. Naturgewalten

— in Riesen personifiziert — zerbrachen die Brükke des Himmels, Sonne und Sterne stürzten ins Meer, die Welt zerbrach. — Von allen Riesen ist nur einer im Volksmärchen erhalten geblieben, der rotbärtige Rübezahl.

Ganz anders die Zwerge (Gnome, Wichte, in der Schweiz: Erdbiberli), die unterirdisch lebten. Der Sage nach sollen sie aus den Leichenmaden des Riesen Ymir entstanden sein. Sie galten als häßlich, mißgestaltet und waren behaart und moosbehangen. Dennoch war ihr Fleiß, vor allem ihre handwerkliche Fertigkeit als Schmiede anerkannt. Sie versorgten die Götter mit metallenen Wunderdingen (Thors Hammer, Odins-Wotans Speer u. a.) und waren verläßliche Wächter über die unterirdischen Schätze. Spätere Zeiten haben sie zu armseligen Märchengestalten degradiert, zu Heinzelmännchen, ja zu Gartenzwergen.

Viele Legenden, Gedichte und Lieder befassen sich mit freundlichen Lichtgestalten, den Elfen, die im Mondschein auf Wiesen tanzen. Diese Vorstellung stammt aus der Welt der Romantik. Einst waren auch sie unterirdische Wesen, Nachtmahre, und wurden Elben genannt.

Eine Fülle verschiedenartigster Wesen „bevölkerte“ die Elemente — eine schillernde „Halbwelt“ —, die letztlich zu Märchengestalten wurden.

Amulette und Talismane

Es gibt heute kaum mehr einen Menschen, der nicht in irgendeiner Form etwas bei oder an sich trägt, das zu seinem Schutz oder zu seinem Glück beitragen soll. Diese harmlose Form des Aberglaubens hat sich nicht nur erhalten, sondern sehr verbreitet.

Auch das hat seinen Ursprung in grauer Vorzeit, da man den Kampf zwischen Licht und Dunkel als den von Gut und Böse ansah. Man bedurfte des einen Gunst und Schutz vor dem anderen. Das geriet später in den Bereich des Zaubers, der Magie, und letztlich existierte fast nichts, weder Krankheit noch Liebe, kein Wunsch, für den es nicht ein Amulett oder einen Talisman gab.

Der Begriff Amulett stammt aus dem Arabischen, wurde latinisiert zu amuletum, trat im deutschen Sprachgebrauch seit dem 16. Jahrhundert auf und bedeutete stets eine Schutzfunktion. Ähnlich ist es beim Talisman, dieses Wort stammt ebenfalls aus dem Arabischen, kam als „telein“ im Griechischen vor, wurde vom Italienischen und Französischen im 17. Jahrhundert ins Deutsche übernommen und bedeutet auch Schutz, wird aber überwiegend als Glücksbringer verstanden.

Seit alters haben beide gemeinsam: sie müssen, um wirksam zu sein, geschenkt werden; ihre Funktion wird verstärkt, wenn sie links getragen werden (Seite des Herzens), und verlieren ihre Wirksamkeit, wenn sie mit der Erde in Berührung kommen!

Zauberglaube, bewußt oder (wie heute) mehr

oder weniger unbewußt, spielt dabei die Hauptrolle. Immer noch benützen Amateurzauberer das Wort „Abracadabra". Es soll vom hebräischen „Abbra Kadebra" herkommen und heißt „Entfliehe vor diesem Wort". Es wurde in besonderen Anordnungen aufgeschrieben und bei sich getragen:

ABRACADABRA	oder	ABRACADABRA
BRACADABR		ABRACADABR
RACADAB		ABRACADAB
ACADA		ABRACADA
CAD		ABRACAD
A		ABRACA
		ABRAC
		ABRA
		ABR
		AB
		A

Diese Schrift ist auch auf Anhängern zu finden, die aus sieben, den Planeten zugeordneten Metallen gegossen waren, wodurch ein astrologischer Einfluß gegeben wurde. Diese Amulette wurden vor allem bei Fieber angewendet.

Ein sehr altes Amulett ist das Bild des Auges, Sinnbild der Allgegenwart des ägyptischen Sonnengottes Ra. (Im christlichen Glauben wurde es mit einem gleichseitigen Dreieck, Symbol der göttlichen Dreieinigkeit, umgeben.) Das aus grünem Ton gebildete „Auge des Osiris" wurde den Toten auf den Leib gelegt, um sie durch die Finsternis zu führen; Lebende sollte es vor dem bösen Blick und Zauberei bewahren. Waren auf einem Amulett zwei Augen, von Isis und Osiris, so verliehen diese geistige und körperliche Kräfte.

Jedem Ägyptenreisenden sind zwei Dinge in Erinnerung: der Skarabäuskult (ein Käfer der Pillendreherart). Dieses Tier legt seine Eier im Lehm ab, formt eine Kugel und schiebt diese vor sich her, bis es einen geeigneten Brutplatz findet. Für die Ägypter galt das dieser Kugel entschlüpfte Tier als eine Inkarnation des Sonnengottes Ra, des Lebenschaffenden. In einen Ring gefaßt, schützte es vor Gefahren und brachte Lebensglück. Das andere Symbol war der Stier, das Zeichen des Osiris; er verlieh Kraft, Ausdauer und Zeugungsfähigkeit. Bei den Griechen verwandelte sich Zeus in einen Stier, raubte die Prinzessin Europa und brachte sie nach Kreta. In der minoischen Zeit dieser Insel galt der Stier als heiliges Tier.

Der Ring, als Zeichen der Ewigkeit, ist uralt. So reichte der Pharao Joseph den Ring, um ihn mit königlichen Rechten zu versehen. Bedeutsam war der Ring König Salomons mit dem Siegel der beiden ineinander verschlungenen Dreiecke (Davidstern), der Macht über die Kräfte der Unterwelt verlieh. Bekannt ist auch die Geschichte vom Ring des Gyges, der unsichtbar machte und der es ermöglichte, die schöne Rhodope, Gattin des Königs Kandaules, im Schlafgemach zu sehen.

Der böse Blick

Das Sehvermögen war für Jahrtausende ein unlösbares Rätsel. Kein Wunder, daß man schon früh im Blick des Menschen etwas Geheimnisvolles vermutete. Viel davon hat sich vor allem in den Südländern Europas erhalten. Besonders Neugeborene mußten und müssen vor den Blicken Fremder geschützt werden, denn der Jettatore (der ‚den bösen Blick' hat) ist es, der Unglück bringt. Als Abwehrmittel gilt (immer noch) die „Feige": bei der zur Faust geballten Hand wird der Daumen zwischen Zeige- und Mittelfinger durchgesteckt. Diese Geste wurde (und wird) in Form kleiner Anhänger aus Gold, Silber und Kupfer nachgeahmt. Auch dieses Zeichen ist uralt, „man kann es als Darstellung der Vereinigung der beiden Geschlechter betrachten ... Der Name erklärt sich, da im Altgriechischen, wie im Italienischen ‚Fica' nicht nur Feige bedeutet, sondern auch das Sexualorgan der Frau." (K. Seligmann) Dieses Zeichen trug man entweder am Rosenkranz (!) oder am Mieder als Schutz gegen Unfruchtbarkeit.

Auch andere Hand- bzw. Fingerstellungen sind bedeutsam: im vorderen Orient stellt man Amulette mit ausgestrecktem Daumen und Fingern her, ‚Hand Fatimas' genannt — nach der Lieblingstochter des Propheten Mohammed. Sie symbolisierte die fünf Tugenden der Mohammedaner.

Die geballte Faust mit ausgestrecktem kleinen und Zeigefinger als Abschreckung heißt ‚Teufelshorn', entspricht aber dem Isis-Halbmond. – Dann sei noch die Hand des Geistlichen genannt, der Zeige- und Mittelfinger ausstreckt, um den Segen zu spenden.

Das Halten des Daumens in der Faust galt immer als eine Glücksgeste, vielleicht weil der Daumen geschützt war. Der freie Daumen, nach oben oder unten gehalten, entschied im alten Rom über Leben oder Tod eines Gladiators.

Eine wichtige Talismanfunktion hatte Frauenhaar. Schon sehr früh hatten Frauen erkannt, daß ihr Haar auf Männer Eindruck machte. Daher kommt auch der Glaube, daß das Haar Kraft verleihe. Man denke an den kräftigen Richter Israels, Samson, dem seine Geliebte, Dalila, die Haare abschnitt und ihn damit seiner Kräfte beraubte. Frauenhaar – zu Netzen geflochten – hatte Schutzkraft für Jäger und Krieger; ebenso verstärkte es, verbrannt ins Getränk gemischt, die Liebeskraft des Mannes; um einen Knopf der Männerkleidung geschlungen, „fesselte" es den Mann.

Über Muttermale (naevus maternus bzw. naevus flammeus, das Feuermal) und deren Körperplazierung gibt es viele Theorien. Da man sich ihre Entstehung nicht erklären konnte, ordnete man sie astrologischen Regeln zu.

Edel- und Halbedelsteine als Talismane

Aus der kaum überschaubaren Anzahl von Talismanen aus dem Bereich der Mineralien sei hier eine kurze Auswahl getroffen.

Der Achat galt den Römern als höchster Glücksbringer, und da man ihm Fruchtbarkeit zuschrieb, war er bei Bauern und Gärtnern beliebt; gemahlen und mit Wein getrunken, half er gegen Schlangenbiß und reinigte infizierte Wunden. Im Orient schrieb man ihm, mit Apfelsaft vermischt, Heilung bei Fieber- und Wahnsinnsanfällen zu.

Dem Amethyst wurde bei Liebe, Geschäften, dem Sport — und auch bei Trunkenheit vertraut.

Aquamarin soll glückliche Ehen und ewige Treue schaffen. Warum er dann auch als Talisman für Seefahrer gilt? Wohl seiner wasserblauen Farbe wegen. Er soll schmerzlindernd bei Hals-, Kiefererkrankungen und bei Zahnschmerzen wirken.

Mit einer Vielzahl guter Eigenschaften wurde Bernstein ausgestattet. Dieses fossile Harz, das, wenn warmgerieben, Funken sprüht und magnetische Kraft hat, wurde deswegen von den Griechen Elektron genannt. Bernsteinperlen fand man als Grabbeigaben in Ägypten. Neben okkulten Kräften (gegen Hexerei und Verwünschungen) besaß er eine starke Heilwirkung. Im Mund gehalten, war man vor Ansteckungen gefeit, weshalb man Pfeifenmundstücke daraus fertigte; an einer Kette um den Hals getragen, half er gegen Kropf, Taubheit und Zahnverlust — daher stand er den Kindern beim Zahnen bei.

Der Blutstein (Hämatit) wurde bereits im ägyptischen Totenbuch genannt: „Diesen Spruch sollst graben auf das Hämatit-Amulett, das um den Hals der Toten hängt: ‚Steh auf vom Nichtsein!'" Ein Blutsteinring, am Daumen getragen (weil dieser dem Mars zugeordnet ist), war Schutz für Soldaten und stillte blutende Verwundungen.

Der Goldtopas (Chrysolith) soll nervenberuhigend sein und Schutz vor allem Bösen bieten. Unter der Einwirkung giftiger Substanzen sollte er trüb werden. Zerrieben wirkte er blutstillend und wurde bei Hämorrhoiden und Blutflüssen angewendet. Auch soll er vor Trunkenheit schützen.

Lapislazuli (Lasurstein) besticht durch seine tiefblaue Farbe — daher seine positive Wirkung bei depressiven Erscheinungen. Ihm wurde auch freundschaftstärkende und ehefestigende Kraft nachgesagt.

Dem Smaragd wurden zwei besondere Eigenschaften zugeordnet: Schutz für werdende Mütter und für das Augenlicht. Interessant, daß die grüne Farbe des Steins schon damals als dem Sehen zuträglich erkannt wurde.

Sowohl ihrer Seltenheit, aber auch ihrer Farbschönheit und ihrem inneren Leuchten wegen wurden den Edel- und Halbedelsteinen schon seit frühester Zeit magische Wirkungen nachgesagt.

Die Astrologie

Auch wenn Johannes Kepler die „Sterndeutung" nur als das „närrische Töchterlein der Astronomie" bezeichnete, nahm die Astrologie doch großen Einfluß auf den Aberglauben.

Bis in unsere Tage steht die Astrologie im Spannungsdreieck von Wissenschaft, Aberglauben und Scharlatanerie. Schuld daran sind die Astrologen, vor allem jene, die sich dafür ausgaben, ohne wirklich welche zu sein (Tages- und Wochenzeitungen!). Es ist nicht Aufgabe dieser Abhandlung, auf Wert und Unwert oder auf die einzelnen Systeme der Astrologie einzugehen (dazu: Werner Wanschura, „Astrologie").

Astrologen (Sterndeuter) glauben, aus den Gestirnstellungen („Konstellationen") bei der Geburt eines Menschen auf dessen weiteres Lebensschicksal schließen zu können.

Auch hier sind die Anfänge in Babylonien und Ägypten zu finden, wie wir aus Keilschrifttafeln und von Ptolemäus (etwa 150 n. Chr.) wissen. Schon damals unterschied man zwischen Fixsternen, die zu Sternbildern zusammengefaßt wurden, und den damals bekannten 7 Planeten (Wandelsternen): Merkur, Venus, Mars, Jupiter, Saturn sowie Sonne und Mond, die vergöttlicht wurden (Uranus, Neptun und Pluto wurden erst später entdeckt). Aus den sich ändernden Stellungen der Planeten, denen man einen eigenen „Willen" zuschrieb, leitete die Astrologie ihre Aussagemöglichkeiten ab.

Man berief sich dabei auch auf die sogenannte „Tabula smaragdina“, auf der stand, „was oben ist, ist wie das, was unten ist“! Daraus folgte die Zuordnung der Planeten zu den menschlichen Sinnesorganen, was bis ins Mittelalter die Medizin beeinflußte. „Sympathie und Antipathie im Universum, das sind die Beziehungen, die naturgemäß auch die Therapie von Krankheiten bestimmen — man wendete jene Mittel an, die dem Krankheitsverursacher antipathisch (also entgegengesetzt) sind“ (W. Wanschura).

Die Erstellung eines „Horoskops“ (die Aufzeichnung der Gestirnstellung zum Zeitpunkt der Geburt im zwölfteiligen Tierkreis ist die Voraussetzung für eine Schicksals- oder Charakterdeutung) war immer von Bedeutung. Kaiser, Könige und alle Großen dieser Welt (von Wallenstein und seinem Astrologen Seni bis zum US-Expräsidenten Reagan) waren in ihren Handlungen von sterndeutenden Beratern abhängig. Daher verwundert es nicht, daß sich die Alchimisten (wegen der Bedeutung der Planeten für die Metalle), aber auch die Magier, Zauberer und Scharlatane mit Astrologie befaßten. Die Repräsentanten der Kirche — obgleich ein „Sternwunder“ die Weisen nach Bethlehem führte und es im Neuen Testament einige astrologische Bezüge gibt — zeigten kein Verständnis für derartig heidnisches und dämonisches Treiben. Es ist aber nie gelungen, die Astrologie ganz zu unterdrücken, vielleicht weil auch viele Kirchenfürsten sich ihrer bedienten.

Es war und ist eine menschliche Eigenschaft, das

Lebensschicksal im voraus erfahren zu wollen — und ebenso verständlich ist, daß ernstzunehmende Menschen versuchen, diese Neugierde zu befriedigen, und daß Scharlatane dieses Verlangen zu ihrem eigenen Vorteil nützen.

Wahrsagerei nach anderen Methoden

Die Zukunft konnte man auch aus anderen Orakeln erfahren. Priester „lasen" im Vogelflug oder in den Eingeweiden von Opfertieren (Haruspizium). Ja, sogar aus der Verteilung der „Naevi" (erbliche oder anlagemäßige Hautfehlbildungen, Muttermale) betrieb der mythologische griechische Seher Melampos (der die Vogelsprache „verstand") Zukunftsdeutung. — Später zeichnete Geronimo Cardano (1501—1576), Arzt und Mathematiker (Erfinder der lageunabhängigen „cardanischen Aufhängung" für Kompasse, Uhren u. a.), eine „Körpersternkarte" (Muttermale als Gestirne) und brachte die Muttermale mit den Tierkreiszeichen in Übereinstimmung. Auch soll er sich mit der Metoskopie (Stirnlinienkunde) befaßt haben, einer Lehre, die die Stirn- und Gesichtsfalten nach astrologischen Berechnungen in Zusammenhang brachte, um daraus Charaktereigenschaften und Schicksalsfügungen ablesen zu können. Cardano machte es sich dabei nicht leicht: in Reihenuntersuchungen, wie man heute sagen würde, versuchte er empirisch (aus

Erfahrung) den Nachweis seiner Lehre zu erbringen. Seine diesbezügliche Abhandlung wurde mit 800 Holzschnitten illustriert! Es gab auch noch andere Vertreter dieser Lehre — die Folge davon war eine weitaus ernstzunehmendere Lehre: die „Physiognomik" (Charakterdeutung aus den Gesichtszügen, auch der Mimik).

„Die Natur hat die menschliche Hand zum wichtigsten Organ und Werkzeug des menschlichen Körpers gemacht."
(Aristoteles)
„Laß deine linke Hand nicht wissen, was deine rechte tut!"
(Matthäus 6,3)

Danach „lag es auf der Hand", sich auch mit der Menschenhand zu beschäftigen (Chiromantie), zumal man ihr die Vermittlerrolle zwischen oben und unten zuschrieb. Der Verlauf der Handlinien war immer rätselhaft, und man versuchte, Zusammenhänge zum Lebensablauf herzustellen. Dabei war stets die Linke von größerer Bedeutung, da sie dem Herzen näher ist. Historisch gesehen, waren die Deutungen aus der Hand nicht weniger wichtig als die Erstellung des Horoskops. — Bis heute sind es vor allem die Zigeunerinnen, die sich auf diese „Kunst" verstehen.

Die Hand mischt die Karten, aus denen ebenfalls die Zukunft gelesen wird. Für alle Karten-Orakel (bis zur Patience) gilt grundsätzlich der Glaube, „daß es in der Natur keinen Zufall gibt, sondern alle Vorgänge nach einem strengen, unabänderlichen Gesetz verlaufen“ (K. Seligmann). Das Mischen der Karten erbringt also nicht eine zufällige, sondern eine schicksalhafte Blattreihung der verschiedenen Bild-Bedeutungssymbole. Diese sind festgelegt, unterliegen jedoch der Deutung des Wahrsagers.

Diese Wahrsagungsart ist sehr alt. Der französische Gelehrte Court de Gébelin (1725—1784) erklärte, daß das Tarock oder Tarot ein altägyptisches Geheimbuch gewesen sei, das nur deshalb nicht vernichtet worden sei, weil man es als Spiel ansah. Er schrieb es dem Hermes Trismegistos-Thot zu und übersetzte den Namen des Spiels mit „Königlicher Weg“.

„Das Schicksal mischt die Karten und wir spielen.“
Arthur Schopenhauer

Die Kartenbilder unterlagen während der Jahrhunderte zeitbedingten Veränderungen, blieben jedoch in ihrer Grundsubstanz, den Menschen „mit seinen Wünschen und Ängsten, seinem Wissen und Handeln, seinen Tugenden und Lastern und seiner körperlichen Verfassung“ (K. Seligmann) abbildend, erhalten. Die 78 Blätter des Spiels teilen sich in 22 Trumpf- (Tarocks) und 56 Farbkarten. Die ersteren sind mit römischen Zahlen (I—XXI) bezeichnet. Ein Trumpf, der „Sküs" (als Hofnarr gekleidet), trägt keine Zahl. Die Farbkarten zeigten ehemals Münzen, Schwerter, Kelche, Keulen — was den mittelalterlichen Ständen entsprach: Kaufmannschaft, Adel, Geistlichkeit und Bauernschaft. Heute werden sie — in dieser Reihenfolge — durch Karo, Pik, Herz und Kreuz (Treff) symbolisiert. Diese wiederum werden jeweils angeführt von einer „Familie": König, Dame (Königin), Reiter und Bube und setzen sich in den „Farben" als Zählkarten von eins (As) bis zehn fort.

Die divinatorischen (seherischen) Auslegungen der sich ergebenden Kartensituationen sind nicht errechenbar (wie etwa die Gestirnstellungen in der Astrologie), sie unterliegen den intuitiven Fähigkeiten des Deuters.

Von Anfang an wurde jede sich bietende Möglichkeit aufgegriffen, um das zukünftige Leben voraussehen zu können. Man kam dabei auf sehr absonderliche Formen des Wahrsagens.

Der Synkretismus der Alchemie

Unter Synkretismus versteht man die Vermischung verschiedener Religionen, religiöser Anschauungen oder philosophischer Lehren. Und das war es, was zur Entwicklung und Bedeutung der Alchemie führte.

Der Wortursprung von Alchemie (auch Alchimie, Alchymie) wird abgeleitet vom griechischen „chemaia“, was „feucht“ heißt. Die Vorsilbe „al“ ist arabisch (wie bei Alkohol oder Algebra), was auf die Wichtigkeit dieses Kulturkreises für die Alchemie hinweist. Chemie als Wissenschaft war das nicht, eher ein vager Beginn.

Die Ursprünge sind legendär und reichen zurück bis zum 1. Buch Moses, wo es heißt: „Da sahen die Engel, daß die Töchter der Menschen schön waren, und sie nahmen sie zu Frauen . . . Nun sprach Jahwe: Mein Geist soll nicht ewig im Menschen mächtig sein, da auch er Fleisch ist.“ Deutungen gehen dahin, daß durch die Verbindung göttlichen Geistes (Wissens) mit den Menschen geheime Künste auf die Welt gelangt sind. Auf diese haben sich zu allen Zeiten, in allen Ländern und Religionen die Magier und später die Alchemisten berufen.

Historisch nachweisbare Anfänge gibt es in Ägypten zur Zeit der Ptolemäerherrschaft (323—30 v. Chr.), während der Alexandria zum Mittelpunkt hellenistisch-ägyptischer Geistigkeit wurde und auch orientalische und jüdische Denker anzog. Damals tauchte ein Name auf, der mit der Alchemie für immer verbunden blieb: Hermes

Trismegistos (der dreimal größte Hermes) — ein „Produkt“ aus griechischer Philosophie und ägyptischer Religion. Gott Hermes wurde mit Gott Thot, dem Schöpfer der Schreibkunst, der Wissenschaft und der Alchemie, verschmolzen. Daß er als geistiger Vater registriert wurde, entsprang der Annahme, „daß die Heilkunst und Metallurgie in den altägyptischen Priesterschulen als esoterische Wissenschaften gelehrt und auf göttliche Inspiration zurückgeführt wurden“ (H. Biedermann). Man erzählte einst, er habe 36 525 Bücher über Prinzipien der Natur verfaßt, auf die sich Alchimisten bis ins Mittelalter beriefen. Dabei handelte es sich wohl um Sammlungen anonymer Werke. Neue Forschungen schreiben ihm einige kurze Texte zu, vor allem den auf der „Tabula smaragdina“, die in einer Abschrift erhalten ist:

„Es ist wahr, ohne Lüge und wirklich: was oben ist, ist wie das, was unten ist, fähig, die Wunder des Einen auszuführen. Und wie alle Dinge aus Einem gekommen sind, nämlich durch das Denken des Einen, so werden auch alle Dinge aus diesem Einen durch Adoption geboren. Die Sonne ist sein Vater, der Mond seine Mutter. Der Wind hat es in seinem Bauche getragen, die Erde ist seine Amme. Dies ist der Vater aller Vollkommenheit in der Welt.“
(Zitat nach K. Seligmann)

Diese geheimnisvollen Sätze könnten die allegorische Anweisung für einen Adepten (Eingeweihten) sein. Das „Eine“ steht für die göttliche Wissensmacht, mit deren Hilfe „die Erde vom Feuer, das Zarte vom Groben“ getrennt werden kann, wie das die Alchemisten tun, wenn sie Golderz schmelzen, um „die stärkste aller Kräfte“, das Gold, das in der Erde wächst und von dem die „Dunkelheit“ flieht, zu erlangen. Nicht um des Reichtums willen, sondern weil das Gold für sie Materie gewordene Sonne war und diese — deren Licht gleichermaßen Himmel und Erde erleuchtete — als sichtbare Verbindung zwischen Gott und Menschen galt. An diesem Beispiel wird deutlich, daß die Alchemie, vor allem die Lehren der „Hermetiker“, eher ein Gedanken- und Symbolgebäude war, als Voraussetzung eines geheimnisvollen Tuns. Auch später, als das Christentum sich verbreitete, hingen die Alchemisten weiterhin ihrer Lehre an und fanden selbst in den Evangelien Textstellen, die ihr Denken und Wollen — der göttlichen Macht und Weisheit zu dienen — unterstützten. Mit der dogmatischen Kirchenlehre konnten sie sich jedoch nicht abfinden.

Ihre Arbeitsstätten waren zweigeteilt, was sich aus deren Namen ableiten läßt: Laboratorium, zusammengesetzt aus „labora“ (arbeiten) und „oratorium“ (dem kultischen Gebetsraum).

Erst im 13. Jahrhundert, mit dem Rückgang kultischer Einflüsse, begannen sich die Alchimisten wissenschaftlich als „Chemiker“ zu versuchen. Hauptziele waren immer die Metallverwandlung und, damit untrennbar verbunden, die Suche nach dem „Stein der Weisen“, der Materia prima. Alles beruhte auf der theoretischen Annahme, daß Metalle aus verschiedenen Substanzen bestünden. Dabei spielten Quecksilber, Blei und Schwefel die Hauptrollen. Die variable Mischung dieser, die für eine Art „Samen" gehalten wurden (weil man an anorganische Substanzen nicht glaubte), ergäbe verschiedene metallische Endprodukte. Warum nicht auch Gold? Da dies jedoch bisher niemals gelungen war und die frühen Alchemisten darin nur einen geistig-magischen Entwicklungsvorgang sahen, versuchten es die mittelalterlichen Alchemisten in der Praxis und erdachten dafür den „Stein der Weisen", der zum materiellen Gelingen beitragen konnte. In der Literatur gibt es für ihn zahlreiche Namen. Wir beschränken uns auf den der „Materia prima". Dieser Begriff stammt aus der scholastischen Philosophie (eine auf die griechische Philosophie zurückgreifende christliche Theologie, die vom 9. bis zum 14. Jahrhundert vom hl. Augustinus, von Thomas von Aquin und später — in anderer Form — von Duns Scotus gelehrt wurde). Materia prima sollte „die Materie an sich" bedeuten, die aber für einen Uneingeweihten nicht erlangbar war. Dieser „Wunderstein vereinigt in sich alle Farben", war die Rätsellösung, so daß er von den Alchemisten in immer anderen Farben beschrieben wurde. Ihm wurden magische Kräfte zugeschrieben: er konnte alles in Gold verwandeln, aber auch alle Krankheiten heilen! Er war also etwas Übernatürliches.

In unmittelbarem Zusammenhang mit der Suche nach dem „Stein der Weisen" stand die Bereitung des „Homunculus" (Menschlein); dazu H. Biedermann: „... ursprünglich wohl ein allegorisches Bild des im Glaskolben ‚hermetisch' verschlossenen mercurius (Quecksilber), später allgemein ein künstlich erzeugtes Menschenwesen."

Das waren die drei von den Alchemisten erstrebten Ziele. Daß bei alldem ein „Zeugungsprozeß" zwischen den männlichen und weiblichen Elementen angenommen wurde, liegt nahe. Nur so konnte eine „vollkommene Einheit" erreicht werden. Symbolcharakter: „Der Ofen unten, in dem die Hitze erzeugt wird, versinnbildlicht den männlichen Teil, die Retorte darüber den weiblichen" (K. Seligmann).

In diese magisch-geistige „Schöpferseligkeit" drang zunehmend materielles Interesse von seiten der Herrschenden. Kaiser, Könige und Fürsten, denen das Werken der Alchemisten ihrer Länder nicht verborgen blieb, sahen im Idealismus dieser geheimnisumwitterten Männer ungeahnte Möglichkeiten, ihren Reichtum zu vermehren, wobei die esoterischen Absichten unberücksichtigt blieben. Ernsthaft forschende Alchemisten nahmen eher Verfolgungen auf sich, als sich ihre Geheimnisse entreißen zu lassen. Das rief eine Vielzahl von Männern auf den Plan, die sich als Scharlatane produzierten. Mit dem Erfolg, daß die Alchemie in Verruf geriet.

Trotzdem: wenn es den Magiern auch nicht gelungen war, Gold herzustellen, den Stein der Weisen zu finden oder ein „Menschlein" zu erzeugen, entdeckten viele von ihnen (Albertus Magnus, Raimundus Lullus, Paracelsus u. a.) Substanzen, die für die heutige Chemie wichtig sind.

Dem entgegen stehen einige legendäre Berichte über so prominente „Alchimisten“ wie Kaiser Rudolf II. (1552—1612) und Ferdinand III. (1608—1675), denen eine Umwandlung von Blei oder Quecksilber zu Gold gelungen sein soll.

Auch die Alchemie als Mischform von Wissenschaft und dem Glauben an das Übernatürliche versuchte alles, um die Dinge des Seins und der Welt zu erforschen und sie zu begreifen. Aber es blieb bei einem unsicheren Vortasten in damals noch unerforschte Bereiche.

Die Kabbala

Dieses hebräische Wort bedeutet „Überlieferung" und bezieht sich auf eine jahrhundertelang — vom 1. Jahrhundert v. Chr. bis zum 12. Jahrhundert n. Chr. — bestehende jüdische Lehre. Ihre Anhänger, die Kabbalisten, machten daraus, im 12. Jahrhundert in der Provence und im Folgejahrhundert im spanischen Gerona, eine esoterische Geheimlehre.

Diese Lehre sah ihr Ziel in der Meditation: „durch ein inneres Auge das verborgene Wesen der Welt zu schauen, (das) kann durch besondere Körperhaltungen und das Rezitieren bestimmter Texte herbeigeführt werden" (P. Landesmann). Vorbild für diese Meditationen war die im „Buch Ezechiel" enthaltene Beschreibung des Gottesthrones. Jede Stufe zu ihm brachte mehr Erkenntnis. Also: der geistige Weg nach oben!

Eine Weiterentwicklung nach oben brachte das Buch „Sefer Jezirah" (= Schöpfung; zwischen dem 2. und dem 6. Jahrhundert entstanden), in dem zum ersten Mal der Begriff „Sephirot" (Kraftzentrum) aufschien, der im Mittelalter wichtig wurde. Er bedeutet, daß die Weltschöpfung, im Gegensatz zur Bibel, nicht aus dem Nichts geschah, sondern daß Gott sie aus sich selbst schuf. Gott und die Welt sind eine Einheit! Alles kam aus ihm. (Emanation!)

Diese Lehre konnte durch die jüdischen Gelehrten, die mit den Mauren nach Spanien kamen, verbreitet werden. Sie „besagt auch, daß den hebräischen Buchstaben geheime Kräfte innewohnen" (P.

Landesmann). Jeder Buchstabe, in der Reihenfolge des 22teiligen hebräischen Alphabets, besitzt einen Zahlenwert (Aleph = 1, Baith = 2, usw.), daher ergab jedes Wort eine Quersumme, die von magischer Bedeutung war (Geromantie).

Für die Kabbalisten gilt auch: das Wort ist Gott! (Im Johannesevangelium heißt es: „Und das Wort ist Fleisch geworden".) Daraus leitet sich ab, daß die „Zahl eins die erhabendste und vollkommenste Manifestation Gottes, Sein Denken und Sein Geist" ist (K. Seligmann).

Die Vertreibung der Juden aus Spanien (1492) setzte die Diaspora (Zerstreuung), die immer im Zusammenhang mit Adams Vertreibung aus dem Paradies gesehen wurde, fort. Aber auch die Frage nach dem Warum. „Sie (die Diaspora) war die Konsequenz eines Bruches mit der Natur, der sich in der Sephirot offenbarenden Gottheit selbst" (zit. nach Biedermann/Schubert). Dazu ein Wort des Isaak Luria (1534—1577): „Nicht nur Israel ist im Exil, sondern auch Gott selbst. Dem Exil Israels auf Erden entspricht das Exil Gottes im Kosmos . . ."

Die zahlreiche kabbalistische Literatur diente den Philosophen, Alchemisten und Magiern des Mittelalters und der Renaissance vielfach als Grundlage ihrer Arbeiten. Sie erhofften von der darin enthaltenen Gottesposition den Weg zur Erlangung der „Materia prima" als Ausgangsstoff für die Suche nach dem „Stein der Weisen" zu erfahren.

Das führte auch zu phantastischen Wundern, wie etwa der Schaffung des Golem durch den Prager Rabbi Juda Löw (1525—1609). Der von ihm aus

Ton und Lehm geformten Gestalt schrieb er den geheimen Namen Gottes auf die Stirne, worauf sie zu leben begann. (Man denke an den Homunculus.) Aus Angst vor seiner Kraft wurde das Zeichen wieder entfernt. Was zurückblieb, waren Ton und Lehm. Diese Legende sollte als Gleichnis für Gottes Macht dienen.

Daß „Gott und die aus seinem Kraftzentrum geschaffene Welt eine Einheit seien", ist die wichtigste kabbalistische Lehre.

Zahlen- und Wortmagie

Die erregendsten Phasen in der Menschheitsentwicklung waren ohne Zweifel die „Erfindungen" der Zahlen und Buchstaben — und der Glaube an ihre magischen Bedeutungen.

Bis in die Zeit vor 500 000 Jahren muß man zurückgehen, um erste menschliche „Zahlennotizen" zu finden; es waren drei „Kerben" auf einem „Kerbholz" (althochdeutsch „zala": Einschnitt im Kerbholz) und man glaubt, daß damit die drei Finsternächte vor dem Neumond notiert wurden.

„Die wechselnden Erscheinungsbilder des Mondes vor dem wechselnden Hintergrund der Sternbilder des Tierkreises bilden eine Art ‚himmlische Kartei von Kalender-Blättern', die nur abgezeichnet werden müssen."
Ch. Zettel, „Geheimnis der Zahl"

Die Magie von Zahl und Wort war schon in der Frühzeit gegeben — bei der Jagd, im Totenkult, vor allem aber beim großen Geheimnis der Fruchtbarkeit. Zunächst sind die Zusammenhänge zwischen Jahreszeiten und Naturwachstum erkannt worden, die bis zu den Griechen und Römern in zahllosen mythischen Gleichnissen festgehalten wurden und ihren Ausdruck in rituellen Handlungen fanden.

Was die Notwendigkeit, aus der Einheit (im Zählen) zur Vielheit zu kommen, anlangt, war dies gegeben, als sich aus der längerwährenden Seßhaftigkeit von Sippen, die Landbau betrieben, ein Produktaustausch ergab. Man verwendete für den Zählvorgang wohl Finger und Zehen.

Nicht viel jünger sind die ersten Schriftversuche, die sich zunächst auf bildhafte Darstellungen beschränkten. (Eine Methodik, die sich bis ins Mittelalter erhielt, wie die „Biblia pauperum", die „Armenbibel" für die leseunkundige Bevölkerung, belegt.) Die ersten als Schriftzeichen zu erkennenden „Kürzel" waren einfachste Tier- und Waffenzeichnungen, aus denen sich durch Stilisierung die Buchstaben entwickelten. Einzelne Wortzeichen, etwa für Sonne, Sterne, Fische u. a., lassen sich von den Sumerern über die Babylonier, die Assyrer bis hin zu den Ägyptern verfolgen (Bilderschriften).

Über die Entstehung des Konsonantenalphabets gibt es verschiedene Hypothesen (unbewiesene Annahmen). Der Sage nach war der ägyptische Gott Thot der Erfinder der Schrift — ihn gab es als Taaut auch bei den Phöniziern. Derzeit neigt man zur Annahme, daß das erste Alphabet semitisch-phönizischen Ursprungs ist.

Die Semiten spielten in der Schriftentwicklung eine wichtige Rolle. Sie übernahmen die sumerische Keilschrift und paßten sie dem eigenen Gebrauch (etwa 900 v. Chr.) an. Die hebräische Quadratschrift entstand. Wie die meisten Schriftformen war auch sie linksläufig. Leseungenauigkeiten führten dazu, daß die Vokalsymbole (etwa im 6. Jh.

n. Chr.) durch Punkte und Striche unter-, ober- und innerhalb der Konsonanten gesetzt wurden. (Damals gab es schon etwa 1000 Jahre vorher ein griechisches Konsonanten-Vokal-Alphabet!) Die jüdische Auffassung der Gott-Welt-Einheit (Kabbala) führte zu dem Glauben, daß die ersten zehn Buchstaben auch Zahlen darstellten, und sah in diesen das „Band der Schöpfung". Sie wurden Sephirot genannt, und jede hatte einen Bedeutungsnamen. Für Gott bilden sie eine Einheit, für die Menschen gibt es drei Unterscheidungen: a) Sefar = Zahlen für Gewichte und Verhältnisse; b) Sipur = Wort, vor allem Gotteswort, und c) Sefer = Schrift.

Damit gewinnen Zahl und Wort höchste Werte für die geistige und materielle Welt. „Durch Wort und Schrift kann daher der Mensch die verborgensten göttlichen Geheimnisse ergründen, und mit Wort und Zeichen kann er Wunder tun" (K. Seligmann). Die bedeutsamsten Zahlen für den Menschen waren: 3, 7, 12. Die 3 = Kopf (Geist), Herz (Sitz von Liebe und Seele) und Magen (Leib); für die 7 gibt es zwei Bedeutungen: a) die sich verändernden Planeten, b) als Zahl der anatomischen Kopföffnungen: Augen, Nase, Ohren, Mund; für die 12 sind es mehrere: Tierkreiszeichen, Monate und die menschlichen Fähigkeiten: Gesicht, Geruch, Sprache, Gehör, Ernährung, Zeugung, Tastsinn, Bewegung, Zorn, Lachen, Denken und Schlaf.

Die Belehnung der Buchstaben mit Zahlenwerten führte zu zahlreichen spekulativen Überlegungen; so zum Beispiel dazu, daß jedes Wort summiert werden könne. Durch Umstellung der Buchstaben (Anagramm) oder bei Wörtern, die von rechts nach links und von links nach rechts gelesen (etwa: Regen — Neger, auch bei Reliefpfeiler u. a.) gleich sind (Palindrom), ergibt das stets dieselbe Summe.

Was uns heute als Zahlen- oder Wortspielereien erscheint, wurde einst als magische Kraft den Planeten, diesen unterliegenden Krankheiten und deren Heilmitteln zugeschrieben.

Nachstehend als Beispiel ein 16feldiges Zahlenquadrat, das auf Albrecht Dürers Blatt „Melancolia“ (1514) abgebildet ist.

16	3	2	13
5	10	11	8
9	6	7	12
4	15	14	1

Als Zahlensumme kommt in jeder Spalte (senkrecht, waagrecht und diagonal) 34 heraus. 3 + 4 = 7, daher planetarisch, wurde dem Jupiter zugeordnet. (Die Mittelzahlen der untersten Reihe ergeben das Bildentstehungsjahr 1514.)

Das wohl bekannteste Wortquadrat ist lateinisch, hat 25 Felder und kann a) wie eine normale Zeilenfolge, b) von unten linksläufig, c) senkrecht von oben, d) aufsteigend von rechts unten gelesen werden. Dazu kommt noch, daß die Übersetzung einige Rätsel aufgibt.

s	a	t	o	r
a	r	e	p	o
t	e	n	e	t
o	p	e	r	a
r	o	t	a	s

Die wörtliche Übersetzung lautet: „Der Säer Arepo hält mit Mühen die Räder.“ Dieser kaum sinnvolle Satz, über dessen Bedeutung bzw. Übersetzung sich Generationen den Kopf zerbrochen haben, ist sicher magisch verschlüsselt, worauf auch das aus „tenet“ (es kann von beiden Seiten gelesen werden!) gebildete Mittelkreuz und das zentrale „n“ hinweisen. Auch die Auflösungen mit den Buchstabenzahlenwerten geben kaum brauchbare Hinweise.

Daß Verhältnisse von Zahlen zueinander schon sehr früh bekannt gewesen sein müssen, sei an bedeutenden Bauwerken deutlich gemacht: z. B. an der um 2520 v. Chr. errichteten Cheopspyramide bei Gizeh. Der griechische Historiker Herodot (480—426 v. Chr.) will von einem Tempelpriester erfahren haben, „daß nach dem Bauplan der Flächeninhalt jeder ihrer Seiten dem Quadrat der Höhe gleichen solle“ (Ch. Zettel). — Die Kultstätte Stonehenge in England, die wahrscheinlich zwischen dem 19. und dem 15. Jahrhundert v. Chr. errichtet wurde, ist nach der exakt berechneten Sommer- bzw. Wintersonnenwende gebaut. Über die Erbauung des Salomonischen Tempels in Jerusalem (seit 930 v. Chr.); steht im „Buch der Könige“: „Die Bauleute Salomons bearbeiteten mit denen Hirams und den Steinmetzen das Holz und die Steine und richteten sie für den Bau des Tempels.“

Von da führt ein direkter Weg zu den Bruderschaften und Bauhütten der mittelalterlichen Steinmetzzunft. Die großen Dome, die in dieser Zeit entstanden, wurden nach genau berechneten und nach magischen und mystischen Regeln gezeichneten Plänen errichtet. Diese Bauhütten gelten als Ursprung der Freimaurerei (D. Lindner, „Geheimbünde Europas“).

Es ist bekannt, daß an bestimmten Orten, denen man tellurische Kräfte (Erdstrahlen) zuschrieb, erst heidnische, später griechische, römische und dann christliche Kirchen und Kapellen errichtet wurden. (War das Aberglaube?)

Die großen gotischen Dome (12.—15. Jh.) entstanden vor allem im keltischen Siedlungsraum. Einer der bedeutendsten, die Kathedrale von Chartres, wurde über einer jungsteinzeitlichen Kultstätte errichtet. Sie soll, im Hinblick auf die beim Bau angewendete Zahlenmystik, als Beispiel für alle anderen gelten. Auch hier fällt zur Sommersonnenwende (21. Juni) das Licht durch die große Fensterrosette auf einen bestimmten Punkt. Es gibt an diesem Bauwerk (wie auch an allen anderen gotischen Domen) Baudetails, die von Zahlen bestimmt werden. Die folgenden Zitate stammen aus Ch. Zettel, „Geheimnis der Zahl“:

Zur Zahl 7: „Das Chorhaupt wird von sieben gotischen Bögen gebildet, aber vor allem, über dem

Grundriß ist ein Siebenstern zu rekonstruieren. ... Die Siebenzahl ist das Symbol der Inkarnation (Verkörperung von etwas Geistigem), in ihr vollzieht sich ‚der Abstieg der göttlichen Dreiheit in die Vierheit des Stofflichen'."

Zur Zahl 5 (im Bereich der grandiosen Fensterrose): „Die Rosenblüte bildet sich nach der Zahl Fünf. An einem Punkt in Chartres fließen die Lichtwirkungen der drei Rosen zusammen, Kelchzipfel und Blütenblätter bilden miteinander einen Fünfstern. — Schreibt man der Rose ein Kreuz ein, errichtet man also einen rechten Winkel durch Zuhilfenahme eines Kreuzes, erhält man das Pentagramm, das alte Zeichen für Wiedergeburt."

Zahlenmagie speziell

Die verschiedensten magischen Möglichkeiten und Ausübungen wurden dargestellt. Die wichtigsten Voraussetzungen dafür jedoch bildeten die Grundzahlen. Mit diesen speziell werden sich die folgenden Zeilen beschäftigen.

Auch in unserer Zeit spielt die Zahlenmagie noch eine Rolle. Es gibt Glücks- und Unglückszahlen, wobei es auf die individuelle Auslegung ankommt. — Gerade, also teilbare, Zahlen gelten als weiblich, ungerade, unteilbare, als männlich.

Die Eins ist das Symbol der Schöpfung.

Die Zwei bedeutet dagegen „Zwietracht“ und ist böse.

Die Drei ist die heilige Zahl fast aller Religionen, da sie die Dreifaltigkeit repräsentiert. — Dreimaliges Klopfen auf Holz versöhnt die im Holz lebenden Naturgeister; dreimal Spucken und „toi, toi, toi“-Sagen soll das negative „Bereden“ (magische Verwünschung) aufheben.

Die Vier ist von eminenter Wichtigkeit: vier Elemente, vier Windrichtungen, vier Jahreszeiten, das Quadrat ist die harmonische Ordnung. Die Vier ermöglicht in der Zahlensumme 1+2+3+4 die Zehn, also das dekadische System. — Im Hebräischen ist das Tetragrammaton (Vierbuchstabenwort) für Jahwe (Gott) — geschrieben Jod, He, Waw, He, da es für Vokale noch kein Zeichen gab — eine heilige Zahl.

Die Fünf entsteht aus der „Ehe“ der ersten geraden (weiblichen) 2 und — da die Eins nicht gewertet wird — der ersten ungeraden (männlichen) Zahl 3. Aus dieser Venuszahl resultiert die erste Sternfigur, das Pentagramm (Fünfstern). Deutet die ‚magische‘ Spitze des Pentagramms, als Zeichen für die Wiedergeburt, nach oben, verweist dies auf ‚weiße Magie‘. Deutet sie nach unten und stehen die ‚zwei Hörner des Teufels‘ oben, handelt es sich um ‚schwarze‘ Magie: „Daemon est Deus inversus“ (Der Teufel ist die Umkehrung Gottes). Über fünf Sinne verfügt der Mensch, fünf Finger bzw. Zehen hat er an Hand und Fuß. Fünf Felle schenkte Joseph seinen Brüdern; fünf Steine hatte David für seinen Kampf gegen Goliath; der Islam hat fünf

Glaubensartikel. Im Sprachgebrauch ist ein Mensch, der nicht mehr „alle fünf beisammen hat“, geistesbehindert; wer „alle fünfe gerade sein läßt“, ist untätig und wird bald „das fünfte Rad am Wagen“, also unnötig sein. Quintessenz nennt man eine Zusammenfassung verschiedener Meinungen.

Sechs ist die erste Zahl, die aus zwei ungeraden (3+3) und zwei geraden (2+4) gebildet wird. Das Hexagramm (Sechs- bzw. David-Stern) besteht aus zwei ineinandergeschobenen gleichseitigen Dreiecken. Eine Spitze weist nach oben (Himmel, Gott, Mann), die andere nach unten (Erde, Weib). Ein Symbol für die Vereinigung von Gegensätzen. – Der Würfel, wie auch jeder Baustein, hat sechs Flächen; wer die 6 würfelt, hat gewonnen.

Die Sieben hat eine Reihe merkwürdiger Bedeutungen. Unter der Annahme, sie sei die Planetenzahl, hat sie Einfluß auf die menschliche Lebensentwicklung (Siebener-Rhythmus). Die Weltschöpfung dauerte sieben Tage. Diese Tage mit sieben Namen bezeichnet Sonne = Sonntag bis zum Saturntag, dem Samstag, als „Sabbath“, der geheiligt wurde, weil Gott an diesem Tage ruhte. – Die babylonischen Pyramiden waren siebenstufig, wie auch die Mystiker ihren Weg zur Reife in sieben Stufen teilten. Der heilige siebenarmige Leuchter im Tempel von Jerusalem (Menora) stand für Ganzheit. Jakob diente sieben Jahre um Lea und Rahel. Joseph sprach als Traumdeuter von sieben fetten und sieben mageren Jahren. Die offenbarende Johannes-Apokalypse, mit sieben Siegeln verschlossen, ließ sieben Posaunen ertönen und verkündete den Menschen sieben Plagen; es gibt sieben Todsünden; das Vaterunser enthält sieben Bitten: die Bibel erzählt von sieben klugen und ebenso vielen törichten Jungfrauen; Mönche beten täglich siebenmal. Die Antike kannte sieben Weltwunder; die Lyra (Harfe) hatte sieben Saiten — die Tonleiter sieben Töne. Im Spektrum ergeben sich aus dem Licht sieben Farben (Regenbogen!). In den Märchen kommt die Sieben oft vor: Raben, Zwerge, Siebenmeilenstiefel, Siebenschön u. a. m.

Auch die Umgangssprache kommt ohne diese Zahl nicht aus: man packt seine „sieben Sachen" (das Nötigste); jemand ist „siebengescheit", ein „Siebenschläfer" ist ein Traummännlein. Negativ ist es, wenn ein zänkisches Weib „ärger als die sieben Todsünden" oder als „böse Sieben" bezeichnet wird. — Aber dennoch wünschen die Menschen sich, „im siebenten Himmel" zu sein.

Die Acht ist ein geheimnisvolles Zeichen: zwei Ringe oder Nullen übereinandergeschrieben — also von magischer Wirkung, denn liegend ist sie das Symbol für „unendlich". Fortunas Glücksrad hatte acht Speichen, und Odin-Wotans Roß war achtbeinig. Der achte Ton wiederholt den Grundton eine Oktave höher.

Die Neun ist eine Dreiheit von Dreiheiten (3×3). „Der Zahlenwert des INRI am Kreuz, das Jesus Nazarenus Rex Judeorum, ist: J=1, N=5, R=2, J=1, also neun" (Zettel). O. Betz führt an, daß die Neun philologisch in mehreren Sprachen eine Ähnlichkeit zu „neu" hat: „Das hieße, daß mit der Neun ein neuer Bereich anfängt, eine Zählreihe, die mit der Acht abgeschlossen war. Vielleicht spielt auch der Gedanke, daß ein Kind, ein neues Leben, nach neun Monaten der Schwangerschaft das Licht der Welt erblickt, eine Rolle. Im hebräischen Alphabet ist Teth der neunte Buchstabe ... er bedeutet auch Gebärmutter."

Die Zehn, gebildet aus den ersten vier Zahlen 1+2+3+4 besteht also „Aus dem Urgrund des Seins (1) und der Polarität der Erscheinungen (2), der dreifachen Wirkung des Geistes und der Vierzahl der Materie, den vier Elementen". Sie galt als vollkommen, weil früher mit ihr das Zählen der zehn Finger beendet war. Im Sprichwort heißt es, „Freunde in der Not gehen zehn auf ein Lot" (sehr kleine, alte Maßeinheit). Auch: „Ein Narr fragt mehr, als zehn Weise beantworten können."

Die Zwölf: da schon die Babylonier die 12 Monate kannten und den Jahreslauf danach erstellten und auch die Tag- und Nachtstunden im Duodezimalsystem stehen, erhielt diese Zahl höchste Bedeutung, nicht zuletzt wegen ihrer vielfachen Teilbarkeit. Es gibt 12 Tierkreiszeichen; Jakob zeugte 12 Söhne, von denen jeder einen Stamm Israels führte; im Alter von 12 Jahren feiert der männliche Jude die Bar-Mizwa. Er wird, nachdem er im Tempel einen Thoraabsatz gelesen hat, zum „Sohn des Gebotes". — Die Griechen siedelten 12 Götter auf dem Berg Olymp an; der Zeus-Sohn Herakles vollbrachte 12 heroische Taten. — Das alte römische Recht wurde auf 12 Tafeln geschrieben. — Jesus wählte aus seinen Anhängern 12 Apostel. Der hl. Augustinus erklärt: „Weil die Erde vier Teile hat und der ganze Erdkreis durch das Evangelium berufen wurde. Darum sind vier Evangelien geschrieben. Die ganze Welt wird im Namen der Dreifaltigkeit gerufen, damit sich die Kirche versammle. Dreimal vier ergibt zwölf." (O. Betz). Neben der Sieben, spielt die Zwölf in der Offenbarung des Johannes eine wichtige Rolle:

„Das himmlische Jerusalem" 21. Kap. 12—14: „(Die Stadt) hat eine große und hohe Mauer mit zwölf Toren und auf den Toren zwölf Engel und Namen darauf geschrieben, das sind die Namen der zwölf Stämme Israels . . . Und die Mauer der Stadt hat zwölf Grundsteine und auf ihnen zwölf Namen der zwölf Apostel des Lammes."

Die zwölf Nächte zwischen Weihnacht und Dreikönig werden heilige, wilde (weil die „Wilde Jagd" vorüberzieht) und auch Rauhnächte, Rauchnächte (vom Räuchern) genannt.

Die Dreizehn war schon immer negativ belegt, vielleicht, weil sie die bedeutende Ordnungszahl 12 überstieg — und durch ihre Unteilbarkeit „Unordnung" brachte. — Eine positive Seite sei zitiert: „Viele Indizien weisen darauf hin, daß man in matriarchalisch orientierten Kulturen das Jahr nicht in zwölf Monate eingeteilt hat, sondern dreizehn Mondmonate zählte. Jeder Monat hatte 28 Tage. Da der Menstruationskalender besonders wichtig war, bekam der Monatszyklus sogar heiligen Charakter. Es ist gut möglich, daß gerade die Dreizehn der Nacht und dem Mond geweiht war" (O. Betz).

In christlicher Zeit verstärkte sich die Abneigung gegen die Zahl Dreizehn, weil Jesus mit 12 Aposteln das „Letzte Abendmahl" nahm und danach von Judas verraten wurde. Zwölf Ritter und König Artus saßen in der legendären Tafelrunde beisammen.

Auch heute sind „13 bei Tisch" verpönt. In manchen Gegenden gibt es kein Haus, in vielen Hotels kein Zimmer, bei den Formel-I-Rennen kein Auto mit dieser Nummer.

Das Unglück potenziert sich, wenn der 13. eines Monats auf einen Freitag fällt, weil dieser der Todestag Jesu ist.

Fast bei allen Völkern war die Anschauung verbreitet, die Zahl habe sinnbildliche Bedeutung. Besonders galt dies für die Magie, den Aberglauben und die religiöse Symbolik. Die Zahlen wurden dort nie abstrakt, sondern als Menge sinnlicher Einheiten aufgefaßt und die Harmonie der Welt, des Kosmos und der menschlichen Ordnung aus der Geltung der Zahlenverhältnisse gedeutet.

Magie im Mittelalter

Ein merkwürdiges Phänomen: unter dem Einfluß der Kirche trat für lange Zeit die Magie kaum in Erscheinung. Das änderte sich im Mittelalter, der Zeit zwischen 500 und 1500.

Nachdem Mohammed (570—632) seine Offenbarungen (im Koran aufgezeichnet) verkündete, erlangte die arabische Geistigkeit großen Einfluß. Der Prophet litt unter bösen Dämonen: durch Analogiezauber (Knoten in einem Strick, genannt „Nestelknüpfen") war er impotent und erhielt eine von Nadeln durchbohrte Wachsfigur als Lebensbedrohung. Da erschien ihm Allah im Traum, erklärte die Ursachen der Leiden und hob die Dämonisierung auf. Der Islam wurde zu einer bedeutenden Macht, der die Wissenschaften, die Medizin, die Astrologie und auch die Magie förderte. Mit seiner Ausbreitung bis nach Spanien (756) gelangten die arabischen Erkenntnisse nach Europa. Das „maurische Spanien" (wo viele jüdische Gelehrte wirkten) erreichte eine kulturelle Hochblüte, die großen Einfluß auf die europäische Geistesentwicklung hatte.

Dante Alighieris (1265—1321) großem Epos „Divina Commedia" („Die göttliche Komödie"), in den Jahren 1307 bis 1321 entstanden, können wir eine zeitgenössische Beurteilung der Magier entnehmen. Im Paradies „angesiedelt" ist Albertus Magnus (1193—1280), Philosoph, Wissenschafter, Dominikaner und Magier, dem u. a. zugeschrieben wurde, er habe durch Magie am Dreikönigstag 1248 einen blühenden Garten erscheinen lassen. (Dafür wurden später Hexen verbrannt!) Auch die Schaffung eines „Homunculus“ soll ihm gelungen sein! Albertus behauptete: ein Heliotrop (halbstrauchartige Pflanze), in eine Kirche gelegt, bewirkt, daß Ehebrecherinnen sich nicht von der Stelle bewegen können. Bedeutende magische Ansichten für einen Mann der Kirche! Das war nur möglich, weil die Kirche damals so tolerant war, daß sie verkündete: Weise Menschen könnten den Teufel überwinden und ihre Künste mit Gottes Hilfe ausführen. Albertus nannte das „die natürliche Magie“ und berief sich auf die Lehren der hermetischen und der arabischen Literatur. Das läßt erkennen, daß in dieser Zeit das synkretistische Wissen anerkannt war und die kirchliche Dogmatik lose gehandhabt wurde. Anders wäre es nicht möglich gewesen, daß ein Theologe wie Albertus ein Werk „über die Alchemie“ hätte veröffentlichen können, in dem er seinen Glauben an die Goldherstellung bekannte.

„Der Alchemist muß still und verschwiegen sein. Er sollte keinem etwas über die Ergebnisse seiner Arbeit erzählen. . . . Er muß Geduld und Ausdauer besitzen. . . . Er muß reich genug sein, um die Ausgaben für solche Arbeiten bestreiten zu können. Und endlich muß er alle Verbindungen zu Fürsten und Herrschern meiden.“

Albertus Magnus

Dieser Satz ist als Warnung vor der Gefahr des materialistischen Denkens der Mächtigen zu verstehen. Albertus war ein wirklich großer und einigender Denker, „der eigentliche Begründer der durch das Vordringen der gesamten Philosophie des Aristoteles im 13. Jahrhundert herbeigeführten Blüte der Scholastik ... der größte Deutsche unter den Philosophen und Theologen des Mittelalters, von denen ihn zwar manche ... überragten, aber keiner an Belesenheit und Fülle des Wissens" (H. Biedermann).

Zurück zu Dante: In den achten Höllenkreis verbannte er den Schotten Michael Scotus (1214—1291), der dort „mit zurückgedrehtem Kopf umherwandert, als Vergeltung seines irdischen Strebens, in die Zukunft zu sehen". Er galt als großer Okkultist, Astrologe und Autor wichtiger Bücher.

Ebenso zur Höllenqual verdammt wurden Zeitgrößen wie Guido Bonatti (ca. 1230—1300), Mönch und Astrologe, der diese Kunst von den Arabern kannte und sie auf kirchliche Einrichtungen (Grundsteinlegungen) und Anschauungen angewendet sehen wollte. Seine kühnste Behauptung: Christus war Astrologe. „Nur der Sternkundige könne nicht an der Güte Gottes verzweifeln, da er das Unglück in der Welt als von den Aspekten hervorgerufen erkennen könne" (H. Biedermann). — Der Astrologe Cecco d'Ascoli (1257—1327) starb für seine Feststellung, der Kreuzestod Christi wäre in dessen Horoskop vorgezeichnet gewesen, auf dem Scheiterhaufen. — Pietro d'Abano (1257—1316), Heiler, Astrologe und Philosoph, der für seine Wahrsagerei die „Geomantie“ (Punktierkunst) anwendete. Man warf eine Handvoll Erde auf oder man punktierte wahllos 16 Reihen auf ein Papier, „die dann mit Hilfe eines aus 12 Feldern bestehenden Quadrates, des geomantischen Spiegels, geordnet und nach astrologischen Gesichtspunkten interpretiert wurden“ (H. Biedermann).

Zu den umstrittensten Persönlichkeiten dieser Zeit zählte der auf Mallorca geborene Raimundus Lullus (ca. 1235—1315), der als Missionar starb. Seine zahlreichen Schriften, die großen Einfluß auf seine Nachfolger hatten, wurden später als „spurios“ (unecht) bezeichnet. Der „doctor illuminatus“ genannte Gelehrte war ein Zahlenmystiker und glaubte an die Macht der Gestirne. Ob er ein Alchimist war, ist unklar, da er sich darüber skeptisch äußerte und das gemachte Gold als „scheinbares“ abtat.

Auch der katalanische Arzt, Alchimist und Wahrsager Arnold de Villanova (1240—1311) muß hier genannt werden. Er war ein berühmter Papstheiler, der sich in inquisitorische Gefahr brachte, indem er sagte, seine religiösen Reformideen hätte er von Christus selbst empfangen, und sich in innerkirchliche Fragen einmischte. In seinem Buch „Tetragrammaton“ (über die vier hebräischen Konsonanten JHWH als Gottesnamen Jahwe) gab er auch wortmagische Erläuterungen. Als Wahrsager sagte er das Weltende für 1340 voraus; als Alchemist soll er vor Papst Bonifazius VIII. (1235—1303) erfolgreich Gold gemacht haben. In seinem „Rosarium philosophorum“ („Rosengarten der Philosophie") beschreibt er die Zubereitung des „Elixiers" (Universalmedizin) aus dem Stein der Weisen! Dabei soll ihm die Erfindung des „Aqua vitae" (Lebenswasser) und des Branntweins (!) gelungen sein.

Der „doctor mirabilis", der Engländer Roger Bacon (1214—1294), Franziskaner, war ein Verfechter der aristotelischen Lehre. Danach wirken Ideen, als bewegende „Entelechie" (Energie), im Inneren der Dinge. Da dieser Gedanke auch auf die Natur übertragen wurde, fand er bei seinen Zeitgenossen große Resonanz. Wie Albertus gründete er seine Wissenserweiterung auf mathematische Berechnung, Naturbeobachtung und das Experiment. Er trennte magische von exakten Beobachtungen. Dabei kam er auf utopische Vorstellungen von sich schnell bewegenden Wagen ohne Pferde, Fluggeräten, Unterwassserschiffen u. a. m. Er erklärte jedoch dezidiert, daß dies mit Magie nichts zu tun habe und unterscheidet zwischen einer erlaubten guten und einer dem Bösen zugewandten schlechten Magie. Er verteidigte das alchemistische Goldmachen, wenn damit dem Staat gedient werde. Meinte aber, daß diese Kunst nur „eine von 145 verschiedenen Kombinationsarten" sei (H. Biedermann).

Magie und Welterweiterung in der Renaissance

Die Wurzeln der Renaissance (Wiedergeburt)

sind in der Neuentdeckung antiker Geistigkeit zu suchen. Sie umfaßt das 14., 15. und 16. Jahrhundert und ist eine „Brücke“ vom Altertum — über das „finstere Mittelalter“ hinweg — zur Neuzeit. Eine historische Periode von höchster Bedeutsamkeit in geistiger und materieller Hinsicht. Vor allem durch die Entdeckung der Küsten Afrikas (1456) (z. B. Vasco da Gama), Amerikas (1492 Christoph Kolumbus und 1499/1500 durch den „Namensgeber“ Amerigo Vespucci) und Asiens (1498).

Die großen Magier wurden in dieser Zeit wieder als Weise angesehen. Kaiser und Könige beriefen sie an ihre Höfe als Ratgeber bei unerklärbaren Vorgängen (Himmelserscheinungen, Hungersnöten, Seuchen, Plagen und auch bei kriegerischen Aktionen).

Die Verbreitung religiöser, aber auch magischer Bücher (seit der Erfindung des Buchdrucks durch Gutenberg, 1399—1468) stieg stark an. Die Stellung der Kirche zur Magie war zweispältig, weil die Trennung von weißer Magie (gut) und schwarzer (schlecht) nicht exakt erkenn- und daher nicht trennbar war.

Eine große Persönlichkeit war Johannes Trithemius (1462—1516), ein Weiser, der durch Gottesfügung Benediktinermönch und 1483 Abt im Kloster Sponheim wurde. Vor allem die Alchemie faszinierte ihn. Er glaubte an die Transmutationen (Umwandlungen), an den Stein der Weisen, den er „spiritus mundi“ (Weltgeist) nannte. Er vertrat, wie viele seiner Magier- und Okkultistenfreunde, am

„Vorabend“ des alles revolutionierenden kopernikanischen Weltsystems die Lehre des alles durchdringenden Gottesatems. Viele seiner Bücher gaben, in schwer entschlüsselbaren Worten, Weisungen, wie etwa Engels- und Dämonenbeschwörungen, mit der Absicht, nur Wissende sollten das verstehen, Unwissende („Die Ochsen“, wie er sie nannte) müßten „draußen bleiben“.

Zu den bedeutendsten Geistern dieser Zeit zählt der Schweizer Theophrastus Bombastus von Hohenheim, genannt Paracelsus (1493—1541), Arzt, Philosoph, Alchemist und Mystiker. Seine Bedeutung gründet sich auf den Umstand, daß er alles übernommene Wissen zwar ehrte, jedoch sein eigenes durch empirische Erkenntnisse zu erringen trachtete. Als Arzt gilt er als Schöpfer der Chemiatrie, einer Frühform der Pharmazie. Er vollzog die große Einheit; seine Kunst vereinte die Alchemie (die Dreiheit: sal = Kochsalz = das Feste; mercurius = Quecksilber = Geist; sulfur = Schwefel = Energie), die Astrologie und die Theologie (um dem göttlichen Ursprung der Erkrankungen, vor allem der geistigen, auf die Spur zu kommen). Letzteres, weil ihm bewußt war, daß Religion von re-ligare = vereinen, herkam. — Er beurteilte als Arzt Krankheiten individualistisch — und behandelte sie mit geringen Dosen von Gegengiften, ohne daran zu zweifeln, daß der Körper nur als eine Art von „Seelenwohnung“ aufzufassen war. Der delphische Orakelspruch „Erkenne dich selbst“ war für ihn von höchster Wichtigkeit. Als Alchimist waren ihm die Harmonie aller Erkenntnisse, als Mystiker die kosmischen Einflüsse wichtig. Hingegen hielt er alle Arten von Weissagungen für Aberglauben.

Nostradamus (die Latinisierung von Michel de Nostre-Dame, 1503—1566), der Provencale, galt als großer Arzt, Astrologe, vor allem aber als „Prophet". Er hatte sich als Pestarzt Verdienste erworben und begann seine Autorentätigkeit erfolgreich mit einem Buch über die Herstellung von Konfitüren, Parfüms, Kosmetika u. a. Seine die Zeit überdauernde Leistung liegt jedoch in den dunklen Prophezeiungen seiner gereimten Vierzeiler (quatreins), die er in 12 Centurien (jeweils 100 Strophen) zusammenfaßte. Die Verschlüsselungen, in denen diese geschrieben waren, konnten erst Jahrhunderte später aufgelöst werden, wie etwa das folgende Beispiel:

„Bei Italien wird geboren ein Kaiser,
Dem um teuren Preis verkauft der Thron,
Nicht sowohl als Herrscher, denn Fleischer
Schildern ihn, mit denen er zu tun."

Diese Zeilen beziehen sich auf Napoleon, seinen Geburtsort, seine Machtergreifung (Revolution), die Frankreich teuer zu stehen kam, und seine Kriegsgelüste. — Nostradamus selbst wies es zurück, als Prophet bezeichnet zu werden. Er sagte von seiner Gabe, sie sei „rein göttlicher Natur".

Mit dem Vordringen des Islams nach Spanien am Beginn des Mittelalters traten die europäischen Gelehrten in Kontakt mit dem arabischen Wissen und der hebräischen Kabbala. Die christliche Kirche stellte dieser Magie nichts entgegen, sofern sie nur zur „Überwindung des Teufels“ eingesetzt wurde. Aber die Grenzen zwischen Gut und Böse waren fließend, und wer ein kirchliches Dogma anrührte, starb am Scheiterhaufen. Erst in der Renaissance erlangten die sich mit Alchemie und Magie beschäftigenden Philosophen wieder den Rang weiser Ratgeber.

Die Scharlatane unter den Magiern

Die wahren Magier waren stets von dem Bestreben erfüllt, die kosmischen, irdischen, religiösen und menschlichen Geheimnisse zu erforschen. Dazu war ihnen jedes auch noch so unglaubwürdige Mittel recht. Kein Wunder also, daß „Scharlatane" zu jeder Zeit die Gelegenheit nützten, um das „tumbe Volk", aber auch den Adel, durch als „Zauberei und Wundermedizin" angepriesene Taschenspielereien zu blenden.

Die bekannteste, auch zu höchsten literarischen Ehren gekommene Gestalt ist Doktor Faustus (lat. der Glückliche, 1480—1538 oder 1539). Ein historisch umstrittener Mann, der einmal Johann, dann Georg oder Heinrich heißt und um dessen Geburtsort sich einige deutsche Städtchen streiten. In seiner Gestalt dürften verschiedene Menschen des damals häufigen Namens verschmolzen sein. Für Fausts Existenz gibt es überlieferte Aussagen, so etwa von Philipp Melanchthon (1497—1560):

„Ich habe einen gekennt/ mit namen Faust . . . derselbige da er zuo Crockaw (Krakau) in die schuol gieng/ da hatte er die zauberey gelernet/wie man sie dann vor zeiten an dem orth sehr gebraucht . . ."

Fausts Studium in Krakau konnte nicht nachgewiesen werden. Es ist möglich, daß der Faust-

Teufels-Pakt auf Äußerungen Martin Luthers (1483—1546), der eine Teufelsbegegnung erlebt haben will, zurückzuführen ist. Der Humanist Johannes Trithemius (1462—1516) bezeichnete Faust als „Landstreicher, leeren Schwätzer und betrügerischen Strolch". 1513 tauchte Faust in Erlangen auf, und Mutianus Rufus (1470—1526) schrieb:

„Vor acht Tagen kam ein Chiromant (Handleser) namens Georgius Faustus Hemitheus Hedelbergensis, ein bloßer Prahler und Narr. Seine Kunst, wie die aller Wahrsager, ist eitel ... Die Dummen sind voller Bewunderung. Gegen ihn sollten sich die Theologen erheben ..."

Angeblich hatte Faust an der Universität Erlangen Vorlesungen über Homer gehalten — und dabei die schöne Helena „beschworen". Faust soll mit ihr in wilder Ehe zusammengelebt und einen Sohn gezeugt haben. Beide sollen nach seinem Tod „verschwunden" sein. Seinen vom Teufel geforderten Tod beschreibt das „Volksbuch" von 1589:

„Als es Tag ward und die Studenten die ganze Nacht nicht geschlafen hatten, sind sie in die Stuben gegangen, darinnen Doktor Faust gewesen war. Sie sahen aber keinen Faust mehr, und nichts, denn die Stuben voller Bluts gespritzet; das Hirn klebte an der Wand, weil ihn der Teufel von einer Wand zur andern geschlagen hatte. Es lagen auch seine Augen und etliche Zähne allda, greulich und erschrecklich zu sehen ... Letztlich funden sie seinen Leib draußen bei dem Mist liegen, welcher greulich anzusehen war ..."

In anderen, höheren Kreisen bewegte sich der „Erzzauberer“ Giuseppe Balsamo (1734—1795), ein Apothekergehilfe aus Sizilien, der als Graf Alexander von Cagliostro die Adelsgesellschaften des 18. Jahrhunderts „bezauberte“. Gemeinsam mit seiner schönen Frau Lorenza gelang es ihm, der Charme, Geist und vielleicht wirklich okkulte Fähigkeiten besaß, als Magier, Heilkünstler und Wahrsager zu reussieren. Er nützte für seine Zwecke die gesellschaftlichen Fortschritte der Aufklärung, die damals — vor allem in Frankreich — so aktuelle „Ägyptologie“ und die rasante Entwicklung der Freimaurerei (wobei unklar ist, ob er jemals in eine Loge aufgenommen wurde). Jedenfalls gründete er Logen nach „ägyptischem Ritus“ (?), 1775 in Haag eine Damenloge, deren „Großmeisterin“ seine Frau war. Er inszenierte Geistererscheinungen, erfand eine eigene „Materia prima“, einen Balsam, der 40 Tage (!) genommen werden mußte, um verjüngend zu wirken. Auch versprach er — in der zügellosen Zeit sehr gefragt — eine moralische Wiedergeburt. Es darf also nicht verwundern, daß es ihm gelang, den Menschen glaubhaft zu machen, er wäre ein Magier. 1789 reiste der „Magier“ nach Rom, wo ihn die Inquisition wegen Häresie, Zauberei und Freimaurerei zum Tode, später zu lebenslanger Haft verurteilte.

Der dritte große Scharlatan, der Comte de Saint-Germain, war schon durch seine unbekannte Herkunft interessant: war er der Sohn der Witwe Kaiser Karls II. von Spanien oder ein portugiesischer Jude? Unbekannt ist auch sein Geburtsjahr, was ihn zur Behauptung veranlaßte, er lebe schon 2000 Jahre. Er beherrschte mehr als zehn Sprachen, soll gemalt, Gemälde gesammelt, gut musiziert, komponiert und natürlich auch Gold gemacht haben. Ein Universalgenie also. Bei näherer Betrachtung bleibt nicht viel über; es ist kein Bild, das er gemalt hat, keines, das er besessen, bekannt, keine Komposition, und von seiner Goldmacherkunst wissen wir, daß Casanova sie als Taschenspielertrick qualifizierte. Trotzdem war der große Unbekannte an nahezu allen europäischen Höfen ein wohlgelittener Gast. Das führte zu der Meinung, daß er für verschiedene Spionagedienste tätig gewesen sei. Alles, was über ihn berichtet wird, gehört ins Reich des Tratsches. Dieser „lebte" auch über seinen Tod hinaus weiter (als er 1784 starb, soll er bekannt haben, er stünde im 88. Lebensjahr), denn es existieren Berichte, er wäre noch Jahre später an verschiedenen Orten gesehen worden.

Es gibt keine Zeit, in der die Menschen sich nicht die Schwächen anderer zunutze gemacht hätten. Es ist aber bezeichnend, daß die Namen der Scharlatane bekannter sind als die der ernsthaft um Erkenntnisse ringenden Magier und Philosophen.

Der Hexenwahn

Stellte man eine Liste der Welttragödien zusammen, die Grauen der Hexenprozesse und -verbrennungen müßten einen dominanten Rang einnehmen.

Wie die meisten der in diesem Buch behandelten abergläubischen Annahmen reichen auch Hexenglaube und -wahn in frühe Zeiten zurück. Hexen haben eine lange Entwicklungsgeschichte, die eng mit der Magie und der Zauberei verbunden ist. Wir kennen sie von Darstellungen aus dem Vorderen Orient und Ägypten, sie tauchen in Griechenland und in Rom auf – meist als Zauberinnen, die sich auf das Mischen von Liebestränken, auf das Wettermachen, aber auch auf das Verhängen von Schadenszaubern über Mensch und Tier verstehen.

In Mitteleuropa treten sie in frühchristlicher Zeit in Erscheinung. Das Wort „Hexe" – im Althochdeutschen „hagzissa" – stammt von „hag" – Hekke oder Gehege; Hexen wären demnach dämonische Wesen, die sich auf Hecken oder in Gehegen aufhalten.

Die Kirche, die im Zuge ihrer Ausbreitung gegen heidnische Vorstellungen und Gebräuche zu kämpfen hatte, mußte sich mit diesen immer wieder auseinandersetzen. Besondere Aufmerksamkeit galt der Dämonenlehre (denn die einstigen Götter waren für die Kirche Dämonen). Früher war man der Meinung, daß Hexenritte und Wetterzauber germanischen Ursprungs wären (vor allem von Jakob Grimm in seinem Buch „Deutsche Mythologie" vertreten), heute weiß man, daß diese schon bei den Griechen (und noch früher) anzunehmen sind.

In der Sammlung der kirchlichen Rechtsvorschriften (Kanones) wurden Bischöfe besonders angewiesen, auf magische Künste zu achten und Schuldige aus der Kirche auszuschließen. „Insbesondere solle man auf gewisse gottlose Weiber achten, die, vom Teufel und seinen Dämonen verblendet, sich einbilden und behaupten, daß sie zur Nachtzeit mit der Heidengöttin Diana, mit Herodias und einer Schar anderer Weiber, auf gewissen Tieren reitend, große Länderstrecken durchfliegen und in bestimmten Nächten die Befehle ihrer Herrin erwarten müssen. Dies alles sei heidnischer Unsinn und werde vom bösen Geist nur ihrer Phantasie vorgegaukelt."

Dieses Zitat ist wichtig, weil es die damals noch tolerante Haltung der Kirche erkennen läßt. Später jedoch wurde hinzugefügt, „daß derjenige, der solche Dinge glaubt, den Glauben verloren hat. Wer aber den wahren Glauben nicht hat, der gehört nicht Gott, sondern dem Teufel" (Soldan/Heppe). Vom 10. Jahrhundert an bildete dieser Nachsatz die Grundlage für die Kirche, Hexenfragen als ihre Domäne anzusehen.

Im 12. und 13. Jahrhundert neigten die Kirchenlehrer zu der Auffassung, daß gegen diesen Unfug auch von Glaubensseite vorgegangen werden müsse. So der Dominikaner Thomas v. Aquin (1224–1274), der schrieb, „daß es ein Irrtum sei, wenn man den Dämonenglauben aus Illusionen und die Malefizien aus dem Unglauben herleiten wolle, da es wirklich ein Dämonenreich gäbe, das vom Teufel beherrscht werde . . .“

Die Zurückhaltung der Kirche gegen diese Malefizien galt natürlich nicht für die vermehrt auftretenden Sekten, die als Häretiker (Christen, die als Abtrünnige von der gültigen Kirchenlehre galten) mit aller Strenge verfolgt wurden. So die Albigenser, Katharer (von daher wurde das Wort „Ketzer“ abgeleitet), Templer, Geißler, Johannes- oder Veitstänzer. Und natürlich die Juden, die man immer für alles Negative verantwortlich machte.

Die Inquisition

Um die Abtrünnigen zu bekämpfen, kam es zur Errichtung eines geistlichen Gerichts: der Inquisition (lat. Untersuchung). Da deren Effizienz jedoch die Weiterverbreitung der Sekten und das verstärkte Auftreten von Teufelsglauben und Zauberern nicht wirksam bekämpfen konnte, schritt Papst Gregor IX. (1170—1241) zu einer in der Kirchengeschichte einmaligen Tat: 1232 durchbrach er die Hierarchie und die Gesetze des kanonischen Rechts, indem er die Inquisition den Bischöfen entzog und sie zu einer päpstlichen Institution machte, die von Dominikanern geleitet wurde. Ihnen erlaubte Papst Innozenz IV. (?—1254) zur „Wahrheitsfindung“ bei Ketzer- und Hexenprozessen die Anwendung der Folter! Die ersten Einsätze dieser

„Inquisitio haereticae pravatis“ (des „Heiligen Officiums“) erfolgten in Frankreich, Deutschland, Österreich und Spanien.

Die Scheiterhaufen begannen zu brennen ...

Wie durch „Funkenflug“ entzündeten sich Tausende Holzstöße in ganz Europa!

Der „Freibrief“, den Papst Gregor IX. dem Heiligen Officium ausgestellt hatte, begann zu wirken. „Mit brutalem Übermut erhoben sich die Inquisitoren nicht nur gegen die Bischöfe, sondern auch gegen die Gewalten der Landesherren. Diese mußten den Inquisitoren Kerker bauen und ihre Urteile vollstrecken, ohne sich um den Gang der Verhandlungen kümmern zu dürfen ...“ (Soldan/Heppe)

„Wo kein Kläger, da kein Richter“, ein Wort, das auch heute noch geläufig ist, galt im deutschen Volksrecht als unumstößlich. Im krassen Gegensatz dazu stand die Verfahrensweise der Inquisition, da bei dieser auf Grund von Denunziation Prozesse eingeleitet wurden. Damit waren die Angeklagten der Willkür der Richter ausgeliefert, zumal man ihnen weder die Namen ihrer Anzeiger mitteilte noch gestattete, einen Anwalt zu rufen. Angehörige von vor Gericht stehenden Personen wurden ihres Eigentums beraubt. Zunächst ein Drittel dieses Wertes, später im 15. Jahrhundert wurde das gesamte Vermögen der Verurteilten beschlagnahmt. Hexen zu richten war ein gutes Geschäft. Ein Domherr schreibt: „Notare, Abschreiber und Gastwirte (wurden) reich. Der Scharfrichter ritt ein Vollblutpferd, wie ein Edelmann vom Hof, und trug Gold- und Silberborten; sein Weib wetteiferte in prunkvoller Kleidung mit vornehmen Damen“ (K. Baschwitz).

1484 erließ Papst Innozenz VIII. (1432—1492) die folgenschwere Bulle „Summis desiderantes affectibus“, durch die Hexen zu Ketzern verdammt wurden. Unter dem Eindruck dieser Enzyklika entstand 1487 ein schreckliches Buch:

„Der Hexenhammer“ (Malleus maleficarum)

Verfasser dieses Handbuches für Hexenprozesse waren die Dominikanermönche Jakob Sprenger (Daten unbekannt) und Heinrich Institoris (eigentlich Krämer, er latinisierte seinen Namen. Daten unbekannt).

Ohne Kommentar hier einige Zitate (Quelle: Neudruckausgabe der ersten deutschen Übersetzung von J. W. R. Schmidt 1906, dtv 1986).

Anweisungen für den Beginn eines Prozesses:

„(Der Richter) beginne den Prozeß durch eine allgemeine Vorladung ... indem er sie an die Türen ... des Rathauses anheftet: ‚Da wir ... mit allen unseren Neigungen erstreben und aus vollem Herzen ersehnen, daß das uns anvertraute christliche

Volk in der Einheit und Klarheit des katholischen Glaubens eifrig gepflegt und von aller Pest der ketzerischen Verkehrtheit ferngehalten werde ... auch zur Erdrückung der ketzerischen Verkehrtheit besonders in den Hexen ... soweit sie innerhalb der Grenzen dieser Stadt, dieses Ortes oder um sie herum bis zu zwei Meilen wohnen, zu ihrer Kenntnis dieser Befehle gelangt, .. und geben Anweisung, man möge uns enthüllen, wenn jemand weiß, gesehen oder gehört hat, daß irgendeine Person als Ketzerin oder Hexe übel beleumdet oder verdächtig sei und daß sie im besonderen so etwas betreibe, was zur Schädigung der Menschen, der Haustiere oder der Feldfrüchte und zum Schaden des Staatswesens auszuschlagen vermag. Wenn jemand unseren vorgenannten Ermahnungen und Befehlen nicht gehorcht .. wisse er, daß er mit dem Dolche der Exkommunikation durchbohrt sei ... Der Denunziant sagt, er denunziere mit Rücksicht auf das verhängte Urteil der Exkommunikation oder aus Glaubenseifer und zum Besten des Staatswesens ... daß niemand meinen solle, er mache sich strafbar, auch wenn er bei der Beweisführung versagt habe: denn er bietet sich nicht als Ankläger, sondern als Denunziant an."

Denunziant war also ein Ehrentitel! Nichts war leichter, als jemanden der Hexerei zu beschuldigen. „Merke, daß Exkommunizierte, ebenso Teilnehmer und Genossen des Verbrechens, ebenso Infame und Verbrecher, Sklaven gegen ihre Herrn zu Verhandlung und zum Zeugnis in jedweder Glaubenssache zugelassen werden; ebenso wie Ketzer gegen

Ketzer, so auch Hexer gegen Hexer, jedoch nur mangels anderer Beweise und immer gegen und nicht für ihn; auch Gattin, Söhne und Angehörige gegen und nicht für ihn . . .“

Man schreckte also vor gar nichts zurück, wenn es um das „Heil der Kirche“ ging.

Diese Anweisungen, die an die niedrigsten Instinkte appellieren, lösten eine Massenhysterie unbeschreiblichen Ausmaßes aus. — Warum es hauptsächlich Frauen waren, die des Hexendeliktes angeklagt wurden, erklärten die beiden Inquisitoren so: „Der Grund ist ein von der Natur entnommener: weil es, das Weib, fleischlicher gesinnt ist als der Mann, wie es aus den vielen fleischlichen Unflätereien ersichtlich ist. Diese Mängel werden auch gekennzeichnet bei der Schaffung des ersten Weibes, indem sie aus einer krummen Rippe geformt wurde . . . die gekrümmt und gleichsam dem Mann entgegengeneigt ist. Aus diesem Mangel geht auch hervor, daß das Weib nur ein unvollkommenes Tier ist, es immer täuscht . . . Das Wort femina nämlich kommt von fe und minus (fe = fides, Glaube; minus = weniger, also femina = die weniger Glauben hat!) . . . Also schlecht ist das Weib von Natur, da es schneller am Glauben zweifelt, auch schneller den Glauben ableugnet, was die Grundlage der Hexerei ist. — Was endlich die andere Kraft der Seele, den Willen, betrifft, so schäumt das Weib infolge seiner Natur, wenn es den haßt, den es vorher geliebt, vor Zorn und Unduldsamkeit. Die Weiber entbrennen für die Erfüllung ihrer bösen Lüste mehr; als da sind Ehebrecherinnen, Huren und Konkubinen der Großen."

Soviel über die damalige Einstellung der Kirche zur Frau.

Wie man Hexe wurde

Die größte Schuld der Hexen wurde im „Teufelspakt" gesehen. Er war somit der Hauptanklagepunkt in den Prozessen. Der Dominikanerpater Johannes Nyder (Niderius, 1385—1438) gab eine Liste der Hexenvergehen heraus: „Verleugnung der christlichen Religion und der Taufe; Treten des Kreuzes; Paktum mit dem Teufel; Versammlungen, wo der Teufel in Menschengestalt erscheint; Luftfahrten; Hagel und Blitz machen; Getreide locken; Pferde aufhalten; Erregen von Haß und unkeuscher Liebe; Verhinderung des Beischlafs und der Konzeption bei Menschen und Tieren; Verwandlung des eigenen Körpers in Tiergestalt; Tötung der Frucht im Mutterleib . . ." Ein stattliches Vergehensregister, dessen Nachweis nie eindeutig erbracht werden konnte. Dies war auch nicht notwendig, da ein Geständnis, wenn auch unter Folter getan, als Verurteilungsgrund genügte.

Die Vorstellung von Hexen beruht heute auf den Märchen aus unserer Kindheit: alt, klein, häßlich, wie eben jene aus „Hänsel und Gretel", die ja auch den Feuertod erlitt.

In Wahrheit machte die Denunziationsflut vor keiner Frau, wie immer sie aussah, wer immer sie war, halt; aber auch nicht vor Männern, nicht vor Geistlichen oder Ratsherren.

Der Ritt auf dem Besen

Die Vorsstellung, daß Menschen die Fähigkeit besäßen, zu fliegen, hat eine auf das Wunschdenken rückführbare Tradition. So schildert Lucius Apuleius (um 124—180 n. Chr.) in seinen (romanhaften) „Metamorphosen" (Verwandlungen), wie die „Hexe Pamphile" sich auf einen „Flug" vorbereitet: „Zuerst zog sich Pamphile splitternackt aus. Dann sperrte sie eine Lade auf und nahm verschiedene kleine Dosen heraus. Eine davon öffnete sie und holte aus ihr eine Salbe ... beschmierte sich damit von der Ferse bis zum Scheitel ... Dann rüttelte und schüttelte sie ihre Glieder ... als schon ein weicher Flaum aus ihnen hervorsproß. Im nächsten Moment waren auch starke Federn gewachsen, hornig und krumm war die Nase, und die Füße waren zu Krallen zusammengezogen. Und da stand Pamphile als Uhu! ... Endlich hob sie sich auf ihren Flügeln in die Höhe und strich im vollen Fluge zum Erker hinaus."

Sie benützte also eine Hexensalbe. Es sind viele Rezepte derartiger Salben bekannt, meist Extrakte aus giftigen, aber auch harmlosen Kräutern, Ölen und Tierblut, die psychedelische (den geistig-sinnlichen Erfahrungsbereich erweiternde) Wirkungen hervorrufen. Man mischte diese Salben nach den alten Rezepturen, stellte Versuche damit an — und kam zum Ergebnis, daß „die narkotische Hexensalbe ihr Opfer nicht nur betäube, sondern dasselbe den ganzen schönen Traum von der Luftfahrt, vom festlichen Gelage, von Tanz und Liebe erleben ließ, daß es nach dem Wiedererwachen von der Wirklichkeit des Geträumten überzeugt war“ (H. Biedermann).

So also waren diese Salben durchaus wirksam und die Aussagen vor der Inquisition „wahrhaftig“. Daß die Männer der Hexen beteuerten, sie hätten die angegebenen Nächte neben ihnen im Bett verbracht, wurde nicht angehört, da ja nur gegen und nicht für sie ausgesagt werden konnte! Das „Geständnis“ genügte, der Beweis „für die Teilnahme an einem Hexensabbat“ war erbracht und damit der Teufelspakt „bewiesen“.

Hexensabbat (Walpurgisnacht)

Es gibt zahlreiche Orte, an denen solche Satansfeste stattgefunden haben sollen. In Frankreich traf man sich auf dem Berg Alaric oder auf dem Puy de Dome. In Italien auf dem Paterno, in Schweden auf der Blakulla, in Südtirol auf dem Schlern, in der Steiermark auf dem Schöckl, in Deutschland waren es der Brocken (Blocksberg), die Hörselberge und der Inselsberg.

Höhepunkt dabei soll stets der Kuß auf das Hinterteil („Osculum infamae“) des höchsten anwesenden Teufels gewesen sein. Es gab orgiastische Reigentänze; das Teufelsmahl (teils als üppig, teils als ekelhaft beschrieben) und natürlich sexuelle Vereinigungen. Dazu eine Stelle aus dem Buch „Blocks-Berges Verrichtung“ des Johannes Prätorius aus dem 17. Jahrhundert: „Es bekennen alle, die sich solchen Beischlafes bedienten, daß wenig Wollust und Ergötzlichkeit in solchem sei — wegen der Kälte, wodurch die Wollust des Beischlafes verhindert wird.“ Und weiters, daß „die bösen Geister unzüchtig und unverschämt sind, und sie vermischen sich mit den ihnen Zugetanen in schöner und anmutiger Gestalt eines starken Mannes, wenn sie mit einem Weibsbild zu schaffen haben, und wenn sie mit einem Mann zu tun haben in eines schönen Weibsbildes Gestalt“. Damit ist die Teufels-Dualität bestätigt: incubus (darauf liegen — männlich) und succubus (darunter liegen — weiblich). Eine eindrucksvolle „Vorstellung“ einer „Walpurgisnacht“ gibt Goethe im ersten Teil seines „Faust“.

„Vorsichtsmaßregeln“

Im dritten Teil des „Hexenhammers“ werden u. a. Anweisungen für Richter und Beisitzer gegeben, die den reinsten Aberglauben widerspiegeln. Es ist besonders zu beachten, „daß sie sich von den Hexen nicht körperlich berühren lassen, besonders an der nackten Verbindungsstelle der Hände und Arme; sondern sie sollen auf jeden Fall am Palmsonntag geweihtes Salz und geweihte Kräuter bei sich tragen. Diese Dinge nämlich, zusammen mit geweihtem Wachs eingewickelt und am Halse getragen, haben ... eine wunderbare vorbeugende Wirksamkeit, nicht nur nach den Zeugnissen von Hexen (!!), sondern auch infolge der Praxis und Gepflogenheit der Kirche ..."

Vier berühmte Hexenprozesse

Jeanne d'Arc (1412—1431)

Das arme Bauernmädchen aus Domrémy, das weder schreiben noch lesen konnte, war 13, als es geheimnisvolle Stimmen hörte, die ihm auftrugen, Frankreich von den Engländern zu befreien. Niemand wollte Jeanne glauben. Vier Jahre dauerte es, ehe sie vor den Thronfolger gebracht wurde, den sie erkannte, obwohl sie ihn nie zuvor gesehen hatte. Eine Theologenkommission befragte sie und kam zur Erkenntnis, daß ihre Stimmen nichts mit Ketzerei zu tun hätten! Daraufhin ritt sie in weißer Rüstung mit einer Truppe gegen Orléans und befreite die Stadt (1429).

Im Verlauf weiterer Gefechte geriet sie in burgundische Gefangenschaft, wurde an die Engländer verkauft und in Rouen eingekerkert. Im Februar 1431 wurde gegen sie Anklage wegen Hexerei erhoben, vor allem das Tragen von Männerkleidung wurde zur Verletzung des göttlichen Gesetzes erklärt. Sie bereute, widerrief, wurde verurteilt und verbrannt. 1906 wurde sie selig-, 1910 heiliggesprochen. Ihr Schicksal wurde von Voltaire, Schiller, Shaw und Brecht zu Schaupielen verarbeitet.

Die Mutter des Johannes Kepler

„. . . klein, mager, von schwärzlich-brauner Gesichtsfarbe, klatschsüchtig und zänkisch . . ." Dieses „Hexenbild" steht im Tagebuch Johann Keplers (1571—1630), des Astronomen und Mathematikers — gemeint ist damit seine Mutter Katharina.

Ein leichtes Leben führte diese nicht; im württembergischen Städtchen Weil gebar sie vier Kinder, deren Vater ein Tunichtgut war und „die Mutter gar übel behandelte; schließlich ging er auf immer in die Fremde, wo er starb". In Württemberg wüteten die Hexenjäger. Auch Mutter Kepler stand vor den Richtern, angeklagt des Verbrechens, Zaubertränke gemischt zu haben. Man unterwarf sie der „Tränenprobe", indem man ihr Bibelstellen vorlas, um sie zum Weinen zu bringen. Sie sagte, sie hätte im Leben schon so viele Tränen vergossen, daß ihr keine geblieben wären. Sie wurde gefoltert — bekannte sich nicht schuldig und meinte, „Gott werde nach ihrem Tode offenbaren, daß ihr Unrecht und Gewalt geschehen sei". — Zu dieser Zeit schrieb ihr Sohn in Linz sein Werk „Harmonices mundi". Mehrmals erhob er Einsprüche gegen den Prozeß, reiste auch an und trat vor Gericht auf. Im Protokoll steht, daß die Angeklagte „leider in Begleitung ihres Sohnes" war. Es gelang ihm, daß die „Keplerin von angestelter Clag absolvieret" wurde. Ein halbes Jahr danach starb sie.

Die besessenen Nonnen von Loudun

Diese Tragikomödie nahm 1635 ihren Anfang, als Urbain Grenadier in Loudun die Pfarre übernahm. Er war ein eleganter, gebildeter Herr und erstreckte seine seelsorgerische Tätigkeit bei den weiblichen Pfarrkindern auf intime Beziehungen. (Er schrieb über das Zölibat: „Ein Versprechen, das Unmögliche zu vollbringen, ist nicht bindend.") Da sich unter seinen „Gespielinnen" angesehene Witwen und Töchter einflußreicher Freunde befanden, konnte sein Treiben nicht unbemerkt bleiben. Die Tochter des Staatsanwaltes Trincant gestand ihm, daß sie schwanger wäre: „Seine Hand vom Busen auf das gebeugte Haupt verlegend und seinen Ton ohne jeden Übergang vom Schlüpfrigen zum Salbungsvollen verändernd, sagte er, sie müsse lernen, ihr Kreuz mit christlicher Ergebenheit zu tragen" (A. Huxley).

Der Tragikomödie zweiter Teil fand ebenfalls in Loudun statt, jedoch hinter den Mauern des Ursulinenklosters. Die Priorin, Jeanne des Anges (Johanna von den Engeln), klein und verwachsen, stand 17 Schwestern vor. Der „männliche Ruf" Grenadiers war bis zu ihnen gedrungen. Als für sie ein neuer Beichtvater bestellt werden mußte, wandte sich die Oberin an ihn — der jedoch ablehnte. — Damit hatte sie nicht gerechnet. Abgrundtiefer Haß flammte auf. Sie wand sich schreiend auf dem Boden. Über ihre Schwäche beschämt, unterwarf sie sich kirchlicher Zucht und bat die Nonnen, sie zu geißeln. Das hatte böse Folgen: danach litten mehrere Nonnen an ähnlichen Zuständen. Das war Besessenheit durch den Teufel! Man berief Exorzisten (Teufelsaustreiber), die feststellten, daß Grenadier diesen Teufel ausgesandt hätte. („Was diese verrückten Weiber behaupteten [war ein] . . . Anfall von ‚furor uterinus' [Tollheit aus dem Unterleib] überhitzter Melancholie.") (A. Huxley) — Grenadier wurde verhaftet, zum Tode verurteilt und 1634 verbrannt. Auch nach seinem Tod blieben die Nonnen besessen. Das Kloster in Loudun war noch lange das Ziel adeliger Neugierde.

(Eine sehr gute Darstellung gibt Aldous Huxley in seinem Buch „Die Teufel von Loudun".)

Die Hexenjagd von Salem

Ähnlich wie in Loudun waren es in der puritanischen Gemeinde Salem Village, Massachusetts, Ende des 17. Jahrhunderts zehn Mädchen, die den einzigen großen Hexenskandal in den Vereinigten Staaten auslösten. — Es begann im Haus des Pfarrers Parris. Er hatte aus Barbados eine Sklavin, Tituba, mitgebracht, die Kenntnisse des Obeah (eines westindischen Zauberkults) besaß. Die neunjährige Pfarrerstochter Elisabeth und ihre Kusine Abigail waren von Titubas Erzählungen fasziniert, und es versammelte sich eine Schar junger Mädchen, um zuzuhören und sich wahrsagen zu lassen.

Als die Mädchen seltsame Verhaltensweisen zeigten, laut zu schreien begannen, sich auf dem Boden wälzten und gerufene Ärzte keinen Rat wußten, ging man der Sache nach. Der Pfarrer beobachtete Tituba beim Backen eines Hexenkuchens aus Kinderurin und Roggenmehl. Unter Androhung von Schlägen befragt, wer bei den Zusammenkünften dabeigewesen wäre, nannte sie Namen von Mitbürgerinnen. Alle wurden verhaftet, und ein Gerichtsverfahren begann. Die beschuldigten Frauen leugneten. Tituba gestand, eine Hexe zu sein und viele Frauen auf dem Sabbat gesehen zu haben. Eine Frau legte ein Bekenntnis zum Evangelium ab. Die Mädchen schrien „Eine Evangelium-Hexe!" Über 200 Menschen wurden während dieses Prozesses verhaftet. „Neunzehn davon wurden gehängt, einer zu Tode gepreßt, zwei starben im Gefängnis ... ‚Wir wollten uns einen Spaß machen', gab später eines der Mädchen zu ... Um dieses Verlangen zu befriedigen, machten sie sich die Furcht vor Hexen zunutze." (Hall/Kingston)

(Arthur Miller stellte dieses Thema in seinem vielgespielten Drama „Hexenjagd" dar.)

Pro und kontra Hexenwahn

Jene Männer, die sich gegen den Hexenwahn stellten, konnten ihren Einfluß nur langsam geltend machen. Die Befürworter standen dagegen auf seiten der Mächtigen, vor allem der Kirche.

Erster namhafter Gegner der Hexenverfolgung war der Humanist und Arzt Agrippa v. Nettesheim (1486—1535), der als Teufelsbündler angesehen wurde, weil er einen schwarzen Pudel besaß (Faust!), den man als Familiarteufel ansah. — Sein Schüler, Dr. Johannes Wierus (1515—1588), Arzt, vertrat die Ansicht, daß Hexen nicht verurteilt werden dürften, weil sie „melancholische Personen wären und dahero sich einbildeten, daß sie einen Pakt mit dem Teufel hätten". — Ihm folgte der Jesuit Adam Tanner (1572—1632) aus Innsbruck, der gegen die Leichtfertigkeit, mit der „Hexen", deren Existenz er nicht leugnete, zu Tode gefoltert wurden, auftrat. — Ebenso der Jesuit Friedrich v. Spee (1591—1635), der seiner „Cautio Criminalis" den Untertitel „Rechtliches Bedenken wegen der Hexenprozesse" gab. Schonungslos deckte er alle Mißbräuche bei den Prozessen auf.

„. . . Daß bei uns Deutschen und insbesondere — worüber man sich tief schämen muß — bei den Katholiken der Aberglaube, die Mißgunst, Verleumdung, Ehrabschneiderei . . . und arglistiges Verdächtigen unglaublich tief eingewurzelt sind . . . daher entsteht der erste Verdacht der Hexerei, daher kommt es, daß alle Strafen Gottes von Zauberern und Hexen herrühren sollen, da haben Gott und die Natur nichts mehr zu gelten, sondern alles müssen die Hexen getan haben . . ."

Friedrich v. Spee: „Cautio Criminalis"

Noch weiter ging der holländische Theologe Balthasar Bekker (1639—1698). Er leugnete die Existenz des Teufels nicht, ließ ihn nur als gefallenen Engel gelten, leugnete aber dessen Bündnisse mit den Menschen.

Fortsetzer dieser Gedanken war Christian Thomasius (1655—1728), Jurist und Philosoph, dem zu danken ist, daß König Friedrich Wilhelm I. von Preußen 1714 die Hexenverfolgung verbot.

Alle diese Männer waren ob ihres Mutes sowohl der Kritik ihrer Kollegen ausgesetzt wie auch selbst in Gefahr, als „Hexer" mit der Gerichtsbarkeit in Konflikt zu kommen.

Ungefährdet konnten die Befürworter der gültigen Meinung das Wort ergreifen. So der französische Kronanwalt Jean Bodin (1529—1596), der eine manische Mordgier zeigte. „Seine Grausamkeit übersteigt alle Grenzen ... persönlich hat er als Hexenrichter selbst Kinder ... und Krüppel foltern lassen" (K. Baschwitz). Ihm zur Seite stand Nicolas Rémy (1530—1612), Generalstaatsanwalt mit allen Vollmachten zur Hexenjagd in Lothringen. Er ließ über 800 Verbrennungen zu. — Etwas jünger war der spanische Jurist und Jesuit Antonio Martinez Delrio (1551—1608). Er verfaßte ein Hexenhandbuch, in dem er jeden Richter, der eine geständige Hexe nicht zum Tode verurteilte, eine heimliche Mitschuld gab. — Der unnachgiebigste protestantische Hexenverfolger war der Wittenberger Benedict Carpzov (1595—1666). Hexen waren für ihn bösartige Zauberinnen, „die mit dem Teufel Umgang haben; nur diese sind durch das Feuer hinzurichten". Die nach seinem Tode kolportierte Zahl von 20 000 Todesurteilen wird von der neueren Forschung angezweifelt. „Sie gibt jedoch einen Begriff von dem Eindruck, den das Wirken dieses Mannes hinterlassen hat" (K. Baschwitz).

„Schwarze Messen"

Noch während der großen Hexenverfolgung entstanden zur Zeit des Sonnenkönigs Ludwigs XIV. (1638—1715) die die heilige Messe pervertierenden „Schwarzen Messen". Mit schlimmsten Folgen wurden diese in Paris praktiziert, und ihre Aufdekkung führte zu einem Riesenskandal.

1697 untersuchte die Polizei zahlreiche Giftmorde in adeligen Kreisen und stieß dabei auf Zusammenhänge mit Giftmischern, Hexen und Teufelsanbetern. Stets ging es um Erbschaften, Beseitigung von Ehegatten oder um Liebeszauber.

Prominenteste Person war die Marquise de Montespan (1641—1707), Mätresse des Königs, der seine Gunst einer jüngeren Dame zugewandt hatte, die unter mysteriösen Umständen starb. Haupthexe war Cathérine Monvoisin, genannt „La Voisin", Wahrsagerin und Giftmischerin. Ihr vertraute die Marquise (wie viele andere Adelige) ihre Sorgen an, und es kam zur Begegnung mit dem Abbé Guibourg, der zu „Schwarzen Messen" riet: „In der Kapelle entkleidete sich Madame de Montespan und legte sich auf den Altar. In jeder Hand hielt sie eine Kerze. Der Abbé zelebrierte die Messe auf ihrem nackten Körper. Bei der Wandlung hob er ein kleines Kind hoch, stach ihm mit einem Messer in die Kehle und ließ das Blut in den Kelch fließen. Er und Madame rezitierten die Zauberformel, mit der sie zwei der wichtigsten Dämonen der Hölle beschworen, Astaroth, Asmodie, Fürsten der Liebe: ‚Ich beschwöre euch, das Opfer des Kindes anzunehmen und mir zu geben, um was ich euch bitte, nämlich, daß die Liebe des Königs zu mir nicht erkalte . . .“ (Hall/Kingston).

Die gerichtliche „Commission de l'Arsénal“, die geheim tagte, ließ im Zusammenhang mit diesem und zahlreichen anderen Fällen über 300 Verhaftungen vornehmen: 36 Personen, darunter die Marquise und „La Voisin“, wurden verbrannt, vier auf die Galeeren und 34 in die Verbannung geschickt.

Der Amerikaner Rossell H. Robbins schrieb, daß dieser Prozeß „wahrscheinlich der einzige Hexenprozeß war, der sich auf Tatsachen stützte und nicht auf wilde Phantasien junger Neurotikerinnen oder die morbide Logik perverser Hexenrichter und Inquisitoren“.

Wie noch zu zeigen sein wird, wurde das Ritual der schwarzen Messen zunächst in England, später in Frankreich wieder aufgenommen.

Das Ende

Um die Wende vom 17. zum 18. Jahrhundert ging allgemein die Zahl der Hexenprozesse und damit der Hinrichtungen stark zurück. Nur vereinzelt kam es noch zu Anklagen und Verurteilungen. Holland war das erste Land, das mit diesem Wahnsinn aufhörte, dann folgte Frankreich. Preußen verbot 1714 die Hexenprozesse, Österreich 1740.

Dennoch wurde noch 1749 eine Nonne wegen Besessenheit enthauptet. Das letzte Todesurteil, soweit feststellbar, wurde 1775 gegen eine irre Magd in Kempten vollzogen. 1782 gab es ein letztes Urteil im Schweizer Kanton Glarus.

Niemand konnte bisher eine auch nur annähernd gültige Zahl der Opfer dieser Hexenhysterie nennen. Wie vage die Vermutungen sind, geht aus dem Zitat einer Enzyklopädie hervor: „Man nimmt an, daß bis zum Jahr 1700 zwischen 400 000 und 2 Millionen Hexen angeklagt und verbrannt worden sind.“

Diese Zeit der unsagbar grausamen Hexenverfolgungen ist unbedingt als Dunkelzeit der Kirche und der Menschheit zu werten. Und sie erinnert in vielen Einzelheiten auch an Geschehnisse der jüngeren Vergangenheit.

Aberglaube und magische Einflüsse — heute

Auch am Ende des 20. Jahrhunderts sind die Menschen nicht frei von Einflüssen des Aberglaubens, weil sie ihnen oft unbewußt erliegen. Man muß aber unterscheiden, ob es sich (I.) um mehr oder weniger harmlose, im alltäglichen Leben vorkommende Gebräuche handelt, die man als traditionelle Gegebenheiten hinnimmt, oder (II.) um wiederbelebte, weniger harmlose Riten und abergläubische Gebräuche, von denen ein „Normalsterblicher" kaum etwas weiß.

I.

Im ersten Abschnitt sollen — in umfangbedingter Kürze — einige der wichtigsten „Schlagworte" behandelt werden.

Im Alltag: Wenn sich zwei Menschen heute treffen, reichen sie einander die Hände — eine selbstverständliche Höflichkeit. Warum sie es tun, wissen sie nicht. In vergangenen Zeiten bestand vor Begegnungen (bei denen jeder bewaffnet war) größtes Mißtrauen. Es war notwendig, die Waffen abzulegen und die Hände vor sich hinzustrecken. Damit ein rascher Waffenzugriff dennoch nicht möglich war, faßte man einander an der rechten Hand.

Heute zieht man auch voreinander den Hut. Der Ursprung: Kampfgefangene mußten sich einst, als Zeichen der Unterwerfung, völlig entkleiden. Später genügte es, wenn das vom Nabel aufwärts erfolgte, noch später wurde nur die Entfernung der

Kopfbedeckung gefordert. Bei den gepanzerten Rittern reduzierte man das auf das Öffnen des Visiers. Heute lüftet man den Hut.

1. April: Der Tag des „In-den-April-Schickens“. Eine Deutung bezieht sich auf Noah und die Sintflut, auf die Aussendung der ersten Taube, die keinen Landeplatz fand und zurückkehrte, an einem Tage, dessen Datum nach der jüdischen Zeitrechnung dem 1. April entsprach.

Braut: Warum läßt der Bräutigam seine Braut bei der Trauung links gehen? Weil er seine rechte Hand, die Schwerthand, freihalten mußte, um seine Zukünftige verteidigen zu können. — Der Brautschleier hat magische Bedeutung: er soll vor bösen Blicken und Dämonen schützen.

Den ehelichen Ringtausch gibt es seit etwa 1000 Jahren, ein Restsymbol des einstigen Frauenkaufs bzw. -raubes, bei dem Frauen Ringe an Hand- und Fußgelenk gelegt wurden. Die Ringform selbst bedeutet „Ewigkeit“. Daß man ihn an den „Ringfinger“ steckt, beruht auf dem anatomischen Irrtum, daß von diesem eine direkte Ader zum Herzen führe. Auch das „Über-die-Schwelle-Tragen“ geht auf die Raubzeit zurück. Später deutete man es als Überwindung der „Schwellenangst“; es sollte negative Einflüsse von Dämonen verhindern.

Farbsymbole für Kinder: blau für Knaben, rosa für Mädchen. Einst glaubte man, daß böse Dämonen von der Himmelsfarbe blau abgeschreckt würden. Mädchen waren damals nicht so wichtig. R. Brasch meint: „Jungen wurden unter Blaukohlköpfen gefunden, Mädchen im Inneren der roten Rosen."

Finger: Auf jemanden zu zeigen, gilt auch heute als unhöflich. Warum? Einst war es verboten, auf einen göttlichen Planeten zu zeigen, weil man sich damit Schaden zufügte.

Fuß, mit dem falschen aufstehen: Mit dem linken Fuß das Bett zu verlassen, bedeutete Unglück — bei einer Schwangeren, daß sie ein Mädchen gebären würde. Links galt von alters her als „schlechte", „rechts" als gute Seite. Das lateinische Wort für links = sinister, bedeutet „unheilkündend".

Gähnen bedingt, daß man sich die Hand vor den Mund halten muß. Dafür gab es einst zwei Gründe: man glaubte, daß durch die größte Gesichtsöffnung (Mund) Teufel oder Dämonen in den Körper eindringen könnten; auch befürchtete man, daß die Seele (die mit dem Atem verbunden war) dabei entfliehen könnte.

Gläser, damit anstoßen: diese Sitte geht, wie so viele, auf die fundamentale Angst unserer Vorfahren zurück, daß beim Trinken böse Geister in den Menschen gelangen könnten. Darum wurde früher (bei primitiven Völkern heute noch) Lärm gemacht, um die Geister zu vertreiben. Heute begnügt man sich mit dem Klingen der Gläser.

Haare: Haarlocken von der oder dem Geliebten waren begehrt — und sind es noch —, weil sie als Sitz der Kraft und des Lebens galten. Wer einem anderen eine Locke schenkte, lieferte sich ihm aus. Rote Haare erweckten Aversionen, aber auch Ängste: die Engländer hatten Angst vor den rothaarigen

Skandinaviern. Andererseits wurde Rothaarigkeit als Zeichen reinsten Blutes, Abgeklärtheit und Intelligenz angesehen.

Holz, darauf klopfen: Dämonen, gute und böse, so glaubte man, lebten in Bäumen, daher das Berühren von Holz, um deren magische Kräfte zu mobilisieren. Zu der Zeit, da die meisten Behausungen aus Holz waren, klopfte man an die Wände, wenn man vom Wohlergehen sprach, damit es die neidischen Dämonen nicht hörten. Kirchentüren berühren verschaffte Asylrecht.

Hufeisen: Eisen gab Sicherheit vor dem „bösen Blick" — besonders wenn es in Halbmondform geschmiedet war. Schon die Römer nagelten es an den Türpfosten zur Krankheitsabwehr. Bis heute muß dies aber mit den Enden nach oben geschehen, damit das Glück nicht „ausrinnt". Im Mittelalter schützte es vor Hexen, da diese Pferde haßten.

Katze, schwarze: Einst war sie ein Glückssymbol. Den Ägyptern war sie heilig, weil die Isis-Tochter katzengesichtig war. Erst im späten Mittelalter, als Katzen zum Attribut der Hexen wurden und man glaubte, der Teufel könne sich in sie verwandeln, begann die negative Haltung.

Klee, vierblättriger: siehe „Pflanzenmagie".

Mund: In mehreren Zusammenhängen haben wir den Mund als „begehrten Zutritt" für den Teufel und Dämonen genannt. Rot galt einst als Schutzfarbe, daher wurden die Lippen rot gefärbt. Doch die Frauen merkten bald, daß dies Männer anzog — daher blieben sie bei diesem Brauch.

Niesen: Wie schon das Gähnen ist auch das Niesen mit Atemluft verbunden. Das schnelle Aussto-ßen galt als Seelenverlust. Daher mußte das Ab-wehrwort „Helf Gott“ gesprochen werden. Eine Erweiterung erfuhr dieser Brauch, wenn das Nie-sen einer Aussage folgte: „Helf Gott, daß es wahr ist.“

Ostern: Das große Christusfest, die Auferste-hung, verbindet untrennbar heidnisches und christ-liches Brauchtum. Die germanische Frühlingsgöt-tin hieß Ostara! Andere Völker nennen das Fest nach dem hebräischen Pessach (Fest der ungesäuer-ten Brote); die Franzosen „Pacques“. Das stimmt mit den den heidnischen Göttern geopferten Ge-bäcksorten überein, wie den „Gebildbroten“. Brot-laibe als Symbole des Vollmondes. Die Kirche inte-grierte viele alte Bräuche — das Osterbrot, mit ei-nem Kreuzzeichen versehen, wurde als Wegzeh-rung an die nüchternen Kirchenbesucher verteilt. Seit dem 15. Jahrhundert ist das Osterei bekannt, ein Lebenssymbol, weil auch das Küken diesem „Grab“ entschlüpft. Die Färbung der Eier geht auf das Frühlingserwachen zurück. — Der Osterhase, erst seit dem 17. Jahrhundert bekannt, ist ein weite-res Fruchtbarkeitssymbol.

Rauchfangkehrer gelten als Glücksbringer, wahrscheinlich weil sie durch ihre Arbeit die Mög-lichkeit schaffen, Nahrung zuzubereiten bzw. be-hagliche Wärme in den Räumen zu haben.

Salz verschütten: Immer schon war Salz eine hei-lige Substanz, die bei Opferhandlungen verwendet wurde — wie es die Kirche noch bei der Taufe tut. Da es auch als Konservierungsmittel geschätzt war, schrieb man ihm die Fähigkeit zu, Freundschaften zu erhalten. In vielen Ländern reicht man den Fremden Salz und Brot. Ein umgeworfenes Salzfaß (wie auf dem berühmten „Abendmahl"-Bild da Vincis) bedeutet daher Unglück. Als „Gegenmaßnahme" soll der Verursacher etwas von dem Salz nehmen und über die Schulter werfen.

Spiegel zerbrechen: es war früher für Menschen unheimlich, ihr eigenes Gesicht auf der Oberfläche eines stillen Wassers, in einer Metallscheibe oder in wirklichen Spiegeln zu sehen. Noch schlimmer war es, wenn Wind das Wasser bewegte, die Metallscheibe weggewendet wurde oder der Spiegel zerbrach. War damit ihr Gesicht zerstört — oder gar ein Geist beleidigt? — Ein ruhiger Blick in den Spiegel sollte aber auch Zukünftiges verraten. Wenn jemand starb, verhängte man im Haus die Spiegel, um die Wiederkehr des Verstorbenen zu verhindern.

Spucken: Wer spuckt, benimmt sich schlecht. Einst war der Speichel ein wichtiger Lebenssaft, wurde den Göttern geopfert, wirkte auch als Gegengift und war ein medizinisches Mittel. Jesus vermengte seinen Speichel mit Erde, um Blinde zu heilen. — Schon griechische Faustkämpfer spuckten sich in die Hände, um so ihre Kräfte zu steigern. Das ist geblieben, wenn man jemandem Glück wünscht: man deutet das Spucken über die linke (die schwächere) Schulter an.

Strohwitwe(r)sein ist ein vorübergehender, nicht immer trauriger Zeitabschnitt. Die Bezeichnung stammt aus dem 1. Jahrhundert. Damals nannte man Mädchen so, die keine Jungfrauen mehr waren, und verlangte von ihnen, als Bräute Strohkränze zu tragen — weil Stroh leer, der Früchte beraubt ist.

Theater: Die mystischen Ursprünge sind schon bei den frühen Höhlenzeichnungen anzusetzen. Die Fruchtbarkeits-, Geburts- und Totenrituale waren mystische Schauspiele nach festgelegten Regeln; magische Vorgänge wurden gespielt, um sie zur Wirklichkeit zu machen. Spielplätze waren die heiligen Stätten — Priester die Darsteller. Ihre magischen Tanzrhythmen wurden gestampft (daher bezeichnet man Versmaße als „Füße", etwa die „fünffüßigen" Jamben). Das richtige Theater entwickelte sich um 500 v. Chr. in Griechenland; dort entstand auch die Tragödie (griechisch trágos = Bock und oidé = Gesang). Der magische Ursprung, der zum Aberglauben degradiert wurde, spielt auch im heutigen Theaterleben eine Rolle. Es gibt kaum einen Darsteller, der nicht einen Talisman bei sich hat. Warum? Weil kaum ein anderer Beruf so sehr von der Gunst des Zufalls abhängig ist. Man darf auf oder hinter der Bühne niemandem Glück wünschen — nur Unglück, wie „Hals- und Beinbruch", also einen Gegenzauber. So soll auch eine Generalprobe nicht perfekt sein, da sonst die Premiere mißlingt. Pfeifen im Theater ist verpönt, könnte es doch ein „Echo" aus dem Zuschauerraum haben.

Der Tod: Zu keiner Zeit haben die Menschen den Tod verstehen können. Immer standen sie vor der Frage, ob er das Nichts oder der Übergang in ein höheres Sein bedeutete. Viele der noch geübten

Bräuche gehen auf Urängste zurück, daß Verstorbene wiederkehren bzw. daß Dämonen an ihre Stelle treten könnten. Leichen werden mit Wasser gewaschen, weil Dämonen sich vor Wasser scheuen. Auch die an den Sargseiten aufgestellten Kerzen (Überrest eines einst um den Toten herum entzündeten Feuers) dienen der Dämonenabschreckung. Holzsärge gehen auf die heidnischen „Totenbäume" zurück — ausgehöhlte Baumstämme als magische Vereinigung von Mensch und Vegetation. Prunksärge aus (planetarischem) Metall waren ein Vorrecht der Reichen.

Auch die Kränze sind heidnischer Herkunft. Ursprünglich waren es magische Kreise, die den Toten mit Blütenopfern ans Grab binden sollten. Die hineingeflochtenen Lorbeer- und Hartriegelzweige waren Symbole für Unvergänglichkeit. Lange, aber vergeblich kämpfte die frühe Kirche gegen diesen Brauch. Sogar bei der schwarzen Trauerkleidung müssen wir in die Heidenzeit zurückgehen. Da man vor Toten Angst hatte, wählte man schwarz als Tarnfarbe. Als Trauerfarbe gilt schwarz erst seit einigen Jahrhunderten. Nicht als Erinnerung oder Schmuck, sondern als Vorsichtsmaßnahme wurden Grabsteine gesetzt; sie sollten verhindern, daß die Leichen aus dem Grab steigen; andererseits schützen Grabsteine vor dem Ausgegrabenwerden durch Tiere .

II.

Unser Jahrhundert wurde geprägt von zwei großen Kriegen, von fundamentalen staatlichen und gesellschaftlichen Veränderungen. Die oftmalige Verunsicherung, vor allem der Jugend, die Vorbildverluste, die meist nur ungenügend ersetzt wurden, führten dazu, daß sich eine große Ratlosigkeit einstellte. Dazu kam noch, daß die Weltreligionen eine der Zeitentwicklung nicht gerecht werdende Haltung einnahmen.

Die nach dem Zweiten Weltkrieg total desorientierten Menschen suchten neue Wege. Diese führten in oft konträre Richtungen. Einerseits begannen sich asiatische Religionsvorstellungen auszubreiten und hatten großen Zulauf. Zahlreiche Sekten und Freikirchen bildeten sich. Andererseits ließ sich die Jugend von der nihilistischen Existenzphilosophie beeinflussen. Bewegungen wie die Hippies, die Kommunarden, Alternativen u. a. m. entstanden und endeten in ihrer Ausweglosigkeit in sinnlosem, auf Cliquen beschränkten Anarchismus.

Das bot fruchtbaren Boden, vor allem in Westeuropa und in Amerika (Osteuropa „erstickte“ damals noch im Kommunismus), für die Entwicklung abergläubischer „Ersatzreligionen“. (Dazu die ausgezeichnete Studie von P. Stiegnitz: „Sekten und Freikirchen“).

Zu den erschreckendsten Erscheinungen zählt wohl die 1966 vom Ungarn Anton Sandor La Vey in San Francisco gegründete „Church of Satan“ („Kirche Satans“) mit ihren „Schwarzen Messen“. Dafür gibt es Vorbilder. In der Zeit Ludwigs XIV. wurden bereits „Schwarze Messen“ abgehalten — und in England wurde von jungen Adeligen der

„Hell-Fire-Club“ (Höllenfeuer-Klub) gegründet, dessen Maxime lautete: „Tue, was du willst.“ Auch dort wurde dem Teufel gehuldigt.

Heute allerdings werden bei „Schwarzen Messen“ keine Kinderopfer mehr gebracht, dafür trat die reine Sexualität in den Vordergrund. Auch bei La Vey symbolisiert die nackte Frau auf dem Altar die „Mutter Erde“. „Kultgegenstände sind: Kerzen, Weihrauch, Glocke, Abendmahlkelch, ein Schwert, das die Macht repräsentiert, und ein Phallussymbol, das Zeugungskraft und Aggression verkörpert“ (Hall/Kingston).

Ziel dieser und anderer Gruppen ist es, Satan als Verkünder des wahren Lebens zu vergöttlichen. Bezeichnend ist, „daß die modernen Satanisten tatsächlich fast all die Dinge tun, derer die Hexen im Mittelalter fälschlicherweise beschuldigt wurden“ (Hall/Kingston).

„. . . die Verehrung des widergöttlichen Prinzips geht wohl in erster Linie auf manichäisch-gnostischen Dualismus (Annahme einer prinzipiellen Gleichrangigkeit von Gott und Teufel) zurück, wie er sich in mehreren spätantiken-frühchristlichen Sekten ausprägte . . . sie sagten: Weil der Satan so viel Leidens den Menschen thut, müssen wir ihn anbeten, daß er uns nicht schade.“
H. Biedermann: Handlexikon der magischen Künste

(Das bedeutendste wissenschaftliche Werk auf diesem Gebiet: Karl R. H. Frick, „Satan und die Satanisten", 3 Bände.)

Neben den Satanisten spielen die neuen Hexen eine bedeutsame Rolle. (Immer wieder in Zeitungen auftauchende Hexen- oder Exorzismusfälle und die daraus resultierenden Gerichtsverhandlungen zeigen kaum die Spitze des tatsächlichen Eisberges.)

Wir haben „schwarze" und „weiße Hexen" zu unterscheiden. Erstere huldigen dem Teufel, den sie als Widerpart zu Gott ansehen. Die „weißen" lehnen den Satanskult ab und berufen sich in ihren Ritualen auf das vorchristliche Matriarchat, vor allem auf die „Große Mutter", die „Urmutter", das Symbol der Fruchtbarkeit. — Der Neubeginn dieses Kultes wird mit 1921 datiert. International bekannt wurde er 1950, als sein neues Oberhaupt, Gerald Gardner, in Erscheinung trat. Auch die weißen Hexen vollziehen ihre Rituale nackt, „im Himmelskleid", wie sie es nennen, weil sie meinen, daß ihre im Körper wohnenden Kräfte durch Kleider behindert würden.

Sie treffen sich in kleinen Gruppen, Frauen und Männer in gleicher Zahl. Der Mann ist dabei (schreibt Justine Glass in „Hexerei, der sechste Sinn") „ein Symbol der geheimen Wahrheit, . . . ein Spiegelbild. Ein Spiegel reflektiert stets das Gegensätzliche; was außen gesehen wird, muß das Gegenteil der inneren Wirklichkeit sein." Sie vollziehen ihr Ritual an heidnischen Tagen. (Die Walpurgisnacht war ein keltisches Fest und wurde von der Kirche der hl. Walpurga geweiht.) Was die heutigen

„Weißen Hexen" mit ihren alten Schwestern verbindet, ist das Wettermachen; sie behaupten, sie könnten es auch.

1961 erschien Robert Herleins Sience-Fiction-Roman „Ein Mann in einer fremden Welt", ein Buch, das starken Einfluß auf die modernen Hexenbewegungen ausübte. Es führte nämlich zur Gründung der „Church of All Worlds" (Kirche aller Welten), „einer neuheidnischen Endreligion, deren Ziel die Verehrung des Lebens, die maximale Aktualisierung des Menschenseins und die Verwirklichung äußerster individueller Freiheit und persönlicher Verantwortung in harmonisch-ökopsychologischer Beziehung mit der gesamten Biosphäre der Heiligen Mutter Erde war" (Hall/Kingston). Eine Institution antichristlich und antisatanistisch zugleich. Grund für diese Haltung ist, die von der katholischen Kirche betonte Sündhaftigkeit im Sexualbereich, die auch für die Ehe gilt, zu bekämpfen.

Worte des hl. Hieronimus:
„Die Frau ist das Tor des Teufels,
der Weg zum Bösen,
der Stachel des Skorpions;
mit einem Wort, eine gefährliche Sache."

Eine Aussage, die alle neurotischen Reaktionen, die auf die erzwungene Enthaltsamkeit zurückzuführen sind, erklärt und alle emanzipatorischen

Forderungen unserer Zeit verständlich macht. Nichtsdestoweniger dürfen die derzeitigen Entwicklungen der abergläubischen Bewegungen weder übersehen noch unterschätzt werden.

Diese Aberglaubensdarstellung soll literarisch abgeschlossen werden mit der ersten Strophe des Couplets des Wendelin aus Johann Nepomuk Nestroys Posse „Höllenangst" (1849):

„D' Leut woll'n nix mehr glaub'n, und darum
Werfen s' gar so mit'n Aberglauben um,
Jeder Glaub'n, der s' a bißl geniert,
Wird als Aberglaub'n gleich persifliert.
D' Mehrzahl Menschen hat Grund ohne Zweifel,
Wenn's ein' gibt, sich zu fürchten vor'n Teufel,
Statt sich z'bessern, disputier'n s' lieber keck
Dem Teufel die Ohrwaschel weg.
Ich glaub' fest, daß's ein' gibt, möcht drauf schwör'n,
's wär' sonst viels auf der Welt nicht z'erklär'n,
Denn i sag: Wenn ka Teufel nicht wär,
Wo komm't alles das Teufelszeug her?
I lass' mir mein' Aberglaub'n
Durch ka Aufklärung raub'n,
's is jetzt schön überhaupt,
Wenn m'r an etwas noch glaubt."

Weiterführende Literatur

Zur Vertiefung des Themas empfiehlt der Autor folgende Bücher, die zum Teil als Quelle benutzt wurden:

Betz, Otto: „Das Geheimnis der Zahlen". Stuttgart 1989

Baschwitz, Kurt: „Hexen und Hexenprozesse". München o. J.

Biedermann, Hans: „Handlexikon der magischen Künste". Graz 1986

Biedermann, Hans: „Hexen". Graz 1974

Frick, Karl R. H.: „Satan und die Satanisten". 3 Bände, Graz o. J.

Hall, Angus / *Kingston,* Jeremy: „Hexerei und schwarze Kunst". Glarus 1978

Huxley, Aldous: „Die Teufel von Loudun". München 1978

Landesmann, Peter: „Die Juden und ihr Glaube". München 1987

Leithäuser, Joachim G.: „Das neue Buch vom Aberglauben". Berlin 1964

Rätsch, Christian: „Lexikon der Zauberpflanzen". Graz 1988

Schmidt, S. J., Philipp: „Dunkle Mächte". Frankfurt/Main 1956

Seligmann, Kurt: „Das Weltreich der Magie". Eltville 1988

Soldan, W. G. / *Heppe,* H.: „Geschichte der Hexenprozesse". Kettwig 1986

Spee, Friedrich von: „Cautio Criminalis oder Rechtliche Bedenken wegen der Hexenprozesse". Neudruck 1986

Sprenger, Jakob / *Institoris,* Heinrich: „Der Hexenhammer". Neudruck 1982

Villiers, Elizabeth: „Amulette und Talismane". München o. J.

Zierer, Otto: „Judentum". Salzburg 1981

Aus der Serie „kurz & bündig":

Lindner, Dolf: „Geheimbünde Europas". 1988

Stiegnitz, Peter: „Sekten und Freikirchen". 1989

Wanschura, Werner: „Astrologie". 1989

Zettel, Christa: „Geheimnis der Zahl". 1988

Bisher erschienen

Boigner · Kommunikation

Cyrus · Die Indianer Nordamerikas

Ehalt/Glinreiner · Abfall

Ellinger · Buddhismus

Ellinger · Hinduismus

Grauß/Hartinger · Marxismus

Greve · Bundesrepublik Deutschland

Guttmann · Lernen

Harsieber · Das neue Weltbild

Huber · Menschen „machen“

Wolf In der Maur · Die Französische Revolution

Wolf In der Maur · Nationalismus

Lindner · Geheimbünde Europas

Nini Lo Bello · Der Vatikan

Lukschanderl · Der Wald

Machatschke · Raumfahrt

Machatschke · Islam

Meysels · Nationalsozialismus

Meysels · Israel

Mitterbauer · Verhaltensforschung

Pauli · Sowjetunion

Pelinka · Sozialdemokratie in Österreich

Penninger · (Nord-)Irland

Pohanka · Erotik

Rothmayer · Kybernetik

Simonitsch/Sterk · Österreich und die EG

Sterk · Biedermeier

Sterzinger · Das Wetter

Sterzinger · Fliegen

Stiegnitz · Judentum

Stiegnitz · Sekten und Freikirchen

Strohal · Die Erste Republik

Strohal · Erster Weltkrieg

Strohal · Zweiter Weltkrieg

Thürmer · Deutsche Demokratische Republik

Treffer · USA

Wanschura · Astrologie

Wanschura · Psychotherapie

Weiss · Östliches und westliches Denken

Worm · Gentechnik

Zechmeister · Künstliche Intelligenz

Zettel · Geheimnis der Zahl

In Vorbereitung sind die Themen:
Liberalismus · Aberglaube · Mozart · China · Indien
Geld · Die Habsburger · Verpackung · Logik · Freimaurer
Wasser · Fundamentalismus · Mittelalter · Südafrika